一流シェフのお料理レッスン

「オーボンヴュータン」
河田勝彦のおいしい理由。

お菓子のきほん、完全レシピ

世界文化社

何度も何度も、
繰り返し作ってみて欲しい。

菓子は、卵と砂糖、小麦粉があれば作れます。この3つの材料を同量ずつ使って作る、菓子の基本のルセット（レシピ）があり、これにバターが加わると、本書でも紹介しているカトル・カール、いわゆるバターケーキのルセットになります。菓子の基本の割合や材料というのは、ある程度決まっています。

だからこそ、菓子作りではイメージを持つことが大事です。どういう菓子を作りたいか、どんな味わいが好きか。そうすると、同じ割合で作っても材料選びや焼き加減が変わります。また、そこにフルーツやアーモンドパウダー、リキュールを加えると、味の表現はどんどん広がる。菓子の表情も変わりますね。そこが菓子作りの面白さで、世界で自分だけの菓子になっていくんです。

そうなるためには、なにしろ何回も作ってみることだと思います。ジャムやシロップも、自分で作って食べてみて欲しいですね。あまり形にこだわることはありません。きれいにできなくても、火が入っていれば食べられます。繰り返し繰り返し作って、作り方の感じや、おいしく作るコツをつかんでもらいたい。この本がそのヒントになれば嬉しいと思います。

オーボンヴュータン
河田勝彦

河田シェフの**基本レッスン**

菓子作りのための4つのコツ

1 どの工程もどの材料も、「おいしい菓子」を作るためのもの。

菓子作りをしているときは、「おいしいものを早く作りたい」、ただそれだけの気持ちです。でも、僕は「手間がかかるから省きます」とか、「材料をそろえるのが大変だから簡単にします」ということは絶対言いません。工程や材料が増えても、それがすべて、おいしい菓子に欠かせない、意味のあるものだと思うからです。

2 時間や回数よりも、五感で状態を見る。

本書に書いてある焼き時間はあくまで目安。また、何回混ぜなくてはダメ、という明確なルールもありません。本書の作り方を手がかりにしながらも、いちばん頼りになるのは、自分の五感です。目の前のものの状態をよく見て作ること。菓子作りの最中には、見たり、香りをかいだり、触れたりしながら、次の作業を進めていきます。

3 細部にもこだわって欲しい。

せっかくおいしいお菓子を作ろうと考えたなら、ナッツのロースト、サブレにのせるジャム、そういう副材料にもこだわって欲しいと常々思っています。単なるパーツと考えないで、全部大事に作って欲しい、そう思います。

4 失敗したって、いい。

家庭で作るお菓子です。自分の手加減や材料、季節によっても、いつも同じにでき上がるとは限りません。たとえ失敗したとしても、それを楽しめばいいですよ。

目次

何度も何度も、
繰り返し作ってみて欲しい。......... 2

| 河田シェフの基本レッスン | 菓子作りのための4つのコツ .... 3 |

この本の使い方 6

PART 1
ここから始めたい
焼き菓子

サブレ・パリジェンヌ 8
サブレ・ノルマン 12
フレーズ・ディスク 16
シガレット 20
クロッカン 24
パン・デピス・ダルザス 28
カトル・カール 32
ケーク・マーブル 36
マドレーヌ 42
フィナンシェ 46
ウィークエンド 50

PART 2
作ってみたい。もっと知りたい
人気のお菓子

シャンティイ・フレーズ 58
ロールケーキ 66
シュー・パリゴー 70
フロマージュ・キュイ 76
フロマージュ・クリュ 80
タルト・ブーダルー 84
タルト・オ・シトロン 92
ビスキュイ・ショコラ 96
ショコラ・モワルー 100
ムース・ショコラ 104

PART 3
複雑なテクニックは要らない
気軽なお菓子

クレーム・カラメル	110
クラフティ・オ・ポム	114
クラフティ・オ・スリーズ	118
クレープ	120
ヴァニラ風味のババロワ	124

COLUMN

「おいしく焼く」ということ。	31
型は洗いません。	49
お菓子がランクアップする最後の仕上げ。	55
シュー生地が膨らむ理由。	75
紙を巻いて作る、コルネ。	83
フルーツのシロップ煮は、煮直して使います。	90
タルト生地は、中に入れるもので焼き方が変わります。	95

変化させて使う材料

バター	40
砂糖	108

レシピに書かないお菓子作りの基本

道具＆環境編	56
材料編	65
「湯せん」と「混ぜる」について	91
ミニ用語集	127

【レシピの決まりごと】

■使用材料について
卵は**Mサイズ（1個約60ｇ）**を使用しています。卵白は約36ｇ、卵黄は約20ｇとなります。生クリームは特に指定がない限り、**乳脂肪分47％**のものを使っています。バターは**食塩不使用**のものを使います。飾りに使ったフルーツやナッツの分量は、季節や商品により大きさなどが異なるため、目安としてください。
（➡p.65もご覧ください）

■家庭にある道具を使いました。
本書のお菓子は、すべて家庭にある、または一般に購入できる範囲の道具で作りました。

【基本の道具】
ゴムべら／泡立て器／ボウル2〜3個（大《直径24〜27cm》、小《直径18cm》／万能こし器　（➡p.56もご覧ください）

■家庭用オーブンで作りました。
本書のお菓子は、すべて家庭用のオーブンで焼成し、その焼成温度と時間を掲載しています。オーブンは機種や性能によって差があるため、焼成温度と時間はあくまで目安とし、焼き色などを見て焼き上がりを判断してください。特に表記がない限り、オーブンはあらかじめ焼成温度に予熱しておきます。

この本の使い方

きちんとおいしく作るために、本書レシピの使いこなし方をご紹介します。

お菓子の出来上がりとデコレーション（＝飾りつけ）の例です。デコレーションをしたものは、必ずしもこの通りでないといけないというものではありません。季節や種類によってフルーツの大きさなども異なります。

お菓子を作るための材料表と、特にアドバイスがある食材についてのシェフからのコメントをまとめています。

おいしい食べごろ、保存の方法と期間などがわかります。焼く前の生地でも冷蔵や冷凍ができるものについては、それぞれ紹介しています。

菓子名の由来や菓子のおいしさ、シェフの考え、配合の狙いや作るときのコツ、食べ方提案などを、シェフの言葉でお教えします。特に大切なところには黄色いマーカーを引いていますので、ぜひ注意してご覧ください。菓子名にはフランス語も併記しています。

写真の下に作り方が書かれており、大きく3ステップに分かれています。まず、黄色いマーカーを引いた見出しを追うだけで作り方の全容がわかります。次に、見出しの下により細かく作り方を解説しています。そしてその下のふき出しの中には、赤い文字でシェフからのアドバイスやコメントがあります。普段、レシピには書かれていない大切なことがたくさん載っていますので、ぜひお役立てください。

言い足りなかったこと、ちょっとしたアドバイスなど、シェフからのひとことを入れました。

PART 1

ここから始めたい
焼き菓子

お菓子作りを始めるなら、まずはここから。

粉やバター、牛乳、砂糖といった基本の材料を使って作る、

焼き菓子です。

粉の混ぜ方、バターの溶かし方、

さまざまな材料の扱い方を知ることができます。

粉とバターの混ぜ方で食感が変化する。
口の中でほろほろと崩れる、"サブレ"の基本を。

サブレ・パリジェンヌ

Sablé parisienne

でき上がりのイメージは、細かく崩れる「砂」

この生地はね、食べるとほろほろと口の中で崩れる、その食感がおいしいんですよ。材料にはアーモンドパウダーと粉糖を合わせたタンプータンを使います。多めのバターとアーモンドの風味は、この菓子には欠かせないものだと思っています。

サブレという名前は、フランス語で「砂」を意味するsabler（サブレ）から派生した言葉です。砂のように口の中で細かく崩れるような食感をだすために、粉とバターを指や手のひらですり合わせるように混ぜ、さらさらにする作業は、サブラージュ（砂状にする）と呼ばれています。

だから、この菓子を作るときは、バターと粉を合わせたら練ったりこねたりしないように気をつけます。またバターがやわらかくなってくると、粉と混ぜてもさらさらになりません。バターが冷たいうちに作業して、加える牛乳も冷蔵庫から出したてのものを使います。僕らはプロだから、気合いで手の温度を下げられるけどね（笑）。手の熱でもバターが溶けるので、作る上では気をつかうポイントだと思います。

裏を見れば、全部わかります。

上手にサブラージュできているかは、実は、焼き上がった裏面を見るとわかるんですよ。目が粗く広がっていれば良いですが、上手にサブラージュできていないと、目がぎゅっと詰まってしまうのです。

こういう焼き菓子の場合は、裏面まで焼き色がまんべんなくついているかで、きちんと火が入っているかのチェックもします。裏を見れば、作り方からおいしさまで全部わかるんですよ。

材料（24〜28枚分）

バター（食塩不使用）……150g
薄力粉……190g

◎タンプータン
├ 粉糖……45g
└ アーモンドパウダー……45g

粉糖……20g
牛乳……大さじ1
グラニュー糖……適量
手粉、打ち粉（ともに強力粉）……各適量

> デコレーション用粉糖は、油脂でコーティングされているので、生地作りには向きません。アーモンドパウダーは粗めのもののほうが食感が残っておいしい。

準備

- バターと牛乳は使うまで冷蔵庫に入れて冷やしておく。
- 天板にオーブンシート（またはクッキングペーパー）を敷く。
- タンプータンの材料を合わせてふるう。
- オーブンを170℃に予熱する。

特に用意するもの

オーブンシート（またはクッキングペーパー）、ラップ、固く絞ったぬれ布巾、定規、ケーキクーラー

オーブン

◎温度／170℃ ◎焼き時間／30分

食べごろと保存

焼きたてより一晩おいたほうが、味が落ち着いておいしいです。粗熱が取れてから、密閉容器に乾燥剤とともに入れて、室温で保存します。おいしく食べられるのは1週間程度。
　棒状にした生地はラップで包んだ状態で3か月ほど冷凍保存可能。焼くときは冷蔵庫で解凍し、カットできるやわらかさになったら手順12以降同様に作ります。室温におくと結露するので、ぬれ布巾の上で転がす工程は不要です。

サブレ・パリジェンヌの作り方

1 粉類をふるう。

薄力粉、準備したタンプータン、粉糖を、順に作業台の上でふるいにかける。

粉類は生地に手早く混ざるよう、ふるってさらさらの状態で使います。粉糖はダマになっていることが多いですよ。

2 粉を手で混ぜ合わせる。

ふるった粉類を手でよく混ぜ合わせる。

むらがないように、丁寧に混ぜます。

3 バターを切り、粉と合わせる。

冷蔵庫から出した冷たいバターを、2㎝角にカットする。2の粉の上に散らす。

我々の場合は麺棒で叩いて指でつぶせるくらいのやわらかさにしてちぎりますが、ご家庭ではカットしたほうがやりやすいでしょう。

4 バターをつぶしながら粉と混ぜる。

バターに粉をまぶし、指先でバターの塊をつぶすようにしながら粉とすり合わせる。

バターが溶け出さないように注意します。氷水を用意して、指先を冷やしながら作業を進めてもいいですね。

5 バターと粉を細かくほぐす。

バターと粉がぽろぽろとしたそぼろ状になるまで、指先でつぶしながらすり合わせる。小豆大になればよい。

6 牛乳を加える。

5を手元に集めて、中央にくぼみを作り、冷たい牛乳を加える。

バターが溶けないように、冷蔵庫から出したばかりの冷たい牛乳がいいですよ。

7 もむように混ぜ合わせる。

指先でもむようにして混ぜ合わせる。粉っぽさがなくなり、全体が黄色っぽくなれば混ぜ終わり。

手の熱でバターが溶けてしまわないように、作業は手早く進めましょう。

8 生地をまとめる。

7を集めて軽く押さえ、生地のまとまりを持ち上げて、作業台に何度か軽く叩きつけるようにすると、きれいにまとまる。

ぽろぽろしているのでまとめづらいですが、決して練らないこと。サクサクとした食感が失われてしまいます。

9 生地をチェック！

指先に手粉をつけて生地の表面を2〜3回軽く叩き、生地の表面を見る。

生地がうまくできているかはこうやって確認します。バターの塊や粉気が残っていないかをチェック。もし塊があったら、混ぜ直せばいいです。

10 筒形にする。

作業台に打ち粉をし、手粉をつけて⑨を20cm長さくらいの棒状にする。それを4等分し、転がしてそれぞれを直径2.5〜3cm、長さ12〜14cmの筒形にする。

> 生地に指を斜めに置き、外に向かって手を大きく動かすときれいな筒形に。

11 表面を整えて、休ませる。

⑩に細長い板を軽く当て、潰さないように板ごとコロコロと転がして、表面に凹凸のないきれいな筒形に整える。1本ずつラップで包み、冷蔵庫で1時間以上休ませる。

> 天板を使いましたが、まな板やバットでもいいです。冷凍保存するならここで。

12 グラニュー糖をまぶす。

休ませた生地を、固く絞ったぬれ布巾の上で転がして表面を少し湿らせる。紙やバットなどにグラニュー糖を広げ、その上で生地を転がして、全体にまぶしつける。

> グラニュー糖をまぶすのは、焼き上がりにきらきらとした表情を出すため。

13 切り分ける。

両端を薄く切り落として形を整え、切り口から2cm厚さに切り分ける。

> 均一に火が入るように、厚さを揃えますよ。慣れないうちは、定規で印をつけて切ったほうがいいですね。

14 天板に並べて生地を押す。

準備した天板に2cm程度の間隔をあけて⑬を均等に並べる。親指の腹にグラニュー糖をつけて、生地の上面中央を軽く押してへこませる。

> こうやって、生地が横に広がるのを助けてあげるんですよ。

15 170℃で焼く

170℃に予熱したオーブンに入れ、30分焼く。裏面に焼き色がしっかりつくまで焼く。

> 15分くらい過ぎたところで焼き加減を確認します。均一に火が入っていなければ、天板の向きを変えて調整します。

16 裏面を確認する。

焼き上がった裏面を見て、焼き色が全体についていれば焼き上がり。ケーキクーラーなどに移して冷ます。

> 天板のまま冷ますと、生地が溶け出た油分などを吸ってしまったりするので、できるだけ早く移したほうがいいです。

CHECK

断面 ザクッと割れて、ほろほろと崩れるもろさを持つ。

Chef's voice

この生地は、型で抜く生地とは違って、輪切りにして焼くので余りが出ませんし、棒状にした状態でラップで包んで冷凍保存ができますから、とても便利ですよ。食べたいときにできたてを楽しんでください。

ゆでた卵の黄身を生地に加えて、
サクッほろりと軽い食感のサブレに。

サブレ・ノルマン

Sablé normand

固ゆでした卵の黄身は、粉に加えて使います。

サブレとひと言でいっても、レシピはいろいろあって、何をどう食べさせたいかで材料も割合も作り方も変わります。

ここではサクッと軽い食感の、フランス・ノルマンディー地方を代表するサブレ・ノルマンをご紹介しましょう。

固ゆでした卵の黄身を使うのは、このサブレならではの面白い作り方。ゆで卵の黄身を裏ごしして細かくし、薄力粉に混ぜてサブラージュ（→p.9）しますが、**すでに火の通った黄身が加わることで軽い食感が生まれ、黄身のコクとうまみが加わります。**生の卵では、火が入ることで生地を固めたり膨らませたりと、いろいろに働くので、このような食感にはならないんですね。

基本的なことだけど、
余分な粉は入れないほうがいい。

こういった生地ものを作るとき全般に言えることですが、作業台や麺棒に生地がつかないように、必ず作業台に打ち粉といって強力粉をふります。あと、手にも粉をつけたりしますね。でも、できれば**余分な粉は入らないほうがおいしいんです。**とても基本的なことですが。だから、作業のしやすさを考えても、でき上がった生地は厚手のポリ袋で包むのがいちばんいいですよ。生地をのばすときは、このポリ袋を切ってシート状にします。途中で生地がやわらかくべとついてきたら、ポリシートに包み直して冷蔵庫に入れます。そのときも便利。ラップも手軽ですが、生地にくっついてしまい、こうはいきません。

ちなみに、型抜きをした余り生地を二番生地と言いますが、ひとつにしてポリ袋に入れ保存し、一番生地に混ぜて使います。こうすると、どの生地も平均しておいしい状態で使えます。

材料（20枚分）

ゆで卵の黄身 …… 3個分
薄力粉 …… 125g
グラニュー糖 …… 72g
塩 …… 1g
バター（食塩不使用）…… 125g
手粉、打ち粉（ともに強力粉）…… 各適量
塗り卵（卵黄）…… 適量

ゆで卵の黄身は、固ゆでにしたものを使います。白身が残りますが、サラダなどに使ってくださいね。

準備

◎ バターをやわらかくする（→p.40）。
◎ 薄力粉をふるう。
◎ オーブンを170℃に予熱する。

特に用意するもの

こし器、ポリ袋（厚手で大判のもの）、麺棒、厚さ5mmのカットルーラー2本（または角棒など）、抜き型（直径10cmの菊形）、カード、パレットナイフ、刷毛、楊枝

オーブン

◎温度／170℃　◎焼き時間／20〜25分

食べごろと保存

焼きたてより一晩おいたほうが、味が落ち着いておいしいです。粗熱が取れてから、密閉容器に乾燥剤とともに入れて、室温で保存します。おいしく食べられるのは1週間程度。

2等分した半量の生地は、ラップで包んだ状態で3か月ほど冷凍保存可能。焼くときは冷蔵庫で解凍し、手でもめるやわらかさになったら手順8以降同様に作ります。

サブレ・ノルマンの作り方

1　ゆで卵の黄身を裏ごしする。

固ゆでにしたゆで卵の黄身を、細かい目のこし器で裏ごしする。

> 手で黄身をこし器に押しつけるようにします。

2　粉と塩を加え混ぜる。

1にふるった粉とグラニュー糖、塩を加え、手でよく混ぜ合わせる。

> 加える塩は、バターが多くやわらかいサブレ生地の引き締め役。焼いたとき、だれずに形を保つことができます。

3　バターをつぶすように混ぜる。

準備したバターを加え、指先に力を入れてバターをつぶすように混ぜる。

> 混ぜ過ぎたり、こね過ぎたりはしない。しっとりなめらかになればいいんですよ。必要以上に生地に触れると、バターが溶けてきます。

4　粉気がなくなれば混ぜ終わり。

全体がなじんできたら、ときどき握りつぶすように混ぜていく。粉気がなくなり、まとまればよい。

5　生地をチェック！

指先に手粉をつけて、生地を軽く2〜3回たたいて平らにする。生地の表面を見て、バターの塊や粉気が残っていないかを確認する。残っていたら混ぜ直す。

6　生地を1時間以上休ませる。

打ち粉をした台に、ボウルから生地を出してひとつにまとめ、手のひらで均一な厚さに押しつぶしてポリ袋で包み、冷蔵庫で1時間以上休ませる。

> まとめるときもこねないようにしましょう。

7　生地を冷蔵庫から出す。

6の生地を2等分し、一方を軽く打ち粉をふった台に置く。もう一方の生地は冷蔵庫に入れ、後で同様に焼く。

> 1時間休ませた生地は、外側は冷えて固いですが、中心部はまだやわらかい状態。

8　生地をもんで固さを均一に。

手のはらを使って軽くもみ、生地の固さを均一にする。

> 中心部と外側の固さの差がなくなるように軽くもんで、形作れる程度にやわらかくしていきます。やわらかくし過ぎないようにね。

9　生地をのばしやすい形にする。

均一の固さになったら、手のひらで転がしながら、まず円筒形にする。それを軽く押しつぶして、ある程度の厚さのある楕円形にする。

> この作業は手際よく進めてください。

10 生地をのばす。

包んでいたポリ袋を切り開いてシート状にして9を挟み、左右にカットルーラーを添えて、麺棒で5mm厚さにのばす。

ポリシートで挟んでのばすと、打ち粉を使わなくてすみます。余分な粉が加わらない分、おいしく仕上がります。

11 型で抜く。

生地の上に抜き型を置き、手のひらで上から真っ直ぐ押して1枚ずつ抜いていく。生地に無駄が出ないように、間隔をあけずに抜く。

型に生地がくっつくようなら、打ち粉を型につけて抜きます。

12 周りの生地を取り除く。

抜いた生地の周りの生地を、カードなどを使って取り除く。

取り除いた生地はこねないようにひとつにまとめ、やわらかいようなら冷蔵庫で冷やして、7で冷蔵庫に入れた生地に混ぜてください。

13 生地を4等分に切る。

抜いた生地を4等分に切り分ける。7で冷蔵庫に入れた残りの生地も同様にのばして成形する。

14 天板に並べて、卵を塗る。

天板に間隔をあけて並べる。塗り卵を刷毛で塗り、乾いてからもう一度卵を塗る。

やわらかい生地なので、パレットナイフを使うと形を崩さずに天板に並べられます。低めの温度でも焼き色がしっかりつくように、卵は2度塗ります。

15 模様をつける。

2度目に塗った溶き卵が乾かないうちに、楊枝で格子模様を入れる。

卵を2度塗りしてできた層に、筋をつけて模様を描きます。

16 170℃で焼く。

170℃に予熱したオーブンに入れ、20〜25分様子を見ながら焼く。裏面にも濃い目の焼き色がつけば焼き上がり。ケーキクーラーなどに移して冷ます。

CHECK

裏面 表面と同じくらいの焼き色が裏面にもついています。

断面 ほろっと崩れるような、キメの粗い生地。

やわらかくしたバターに空気を含ませて、
きめ細かくサクッとした生地を作る。

フレーズ・ディスク

Fraise disque

甘く、サクサクとしたシュクレ生地を使います。

フレーズ・ディスクは、生地にコンフィチュール（ジャム）の甘さと酸味がどうやって絡んでくるかが"おいしさのカタチ"です。

この菓子は、サブレ・パリジェンヌ（→p.8）のようなサブラージュした生地では、コンフィチュールの水分を吸ってしまっておいしくありません。合わせるのは、<mark>フランス語で「砂糖入り生地」を意味する、甘くサクサクとしたシュクレ生地（パート・シュクレ）です。</mark>

シュクレとは、「砂糖」という意味で、名前の通り砂糖の入った甘い生地。このように、型抜きして小菓子として食べてもおいしく、また、キメが細かいので、フロマージュ・クリュ（→p.80）や、タルト（→p.84,92）などの台生地にも使います。

なお、材料の砂糖は粉糖を使います。シュクレ生地は水分が少ないので、グラニュー糖だと溶けきらず粒感が残って、カリカリとした食感で焼き上がります。それはそれで悪くはありませんが、この菓子は粉糖でなめらかな食感に仕上げるほうがいいと思います。

いちごのジャムは、酸味を加えます。

2枚のサブレに挟むのは、実際に店で出しているのは、グロゼイユ（赤房すぐり）のジュレですが、ここではご家庭で作りやすいようにいちごジャムにしました。<mark>なるべく酸味のあるものがいいと思います。酸味が足りなければ、レモン汁を加えるなどして調整してください。</mark>それと、市販のジャムは低糖のさらりとしたものが多いですね。これをそのまま使うと写真のでき上がりのようにジャムがとどまらないので、鍋にあけて、とろりとするまで煮詰めてから使うとよいでしょう（→p.55）。

材料（30枚分）

シュクレ生地
- バター（食塩不使用） …… 120 g
- 粉糖 …… 80 g
- 卵黄 …… 32 g（2個弱）

牛乳 …… 12 g
薄力粉 …… 200 g
手粉（強力粉） …… 各適量

仕上げ用
粉糖 …… 適量
いちごジャム …… 適量

> ここでは、グラニュー糖よりも粒子が細かくバターとなじみやすい粉糖を使いました。いちごジャムはできるだけ酸味のあるものを選ぶと、味わいが際立ちます。

準備
- バターをやわらかくする（→p.40）。
- 粉糖、薄力粉をそれぞれふるう。
- オーブンを180℃に予熱する。

特に用意するもの
ハンドミキサー、ポリシート（厚手で大判のポリ袋を切り開いたもの）、麺棒、厚さ3mmのカットルーラー2本（または角棒など）、抜き型（直径4cmと直径2.5cmの菊形）、パレットナイフ、茶こし、ティースプーン

オーブン
- 温度／180℃
- 焼き時間／20分

食べごろと保存
焼きたてよりも、一晩おいたほうが、味が落ち着いておいしいです。粗熱が取れたら密閉容器に乾燥剤とともに入れ、室温で保存します。おいしく食べられるのは、1週間程度。

| フレーズ・ディスクの作り方 |

1 バターをクリーム状にする。

準備したバターをハンドミキサーの低速で混ぜ、クリーム状にする。

> 僕は"ポマード状"って言ってるけど、今は知らない人も多いよね。小さなダマがなくなり、マヨネーズのような、なめらかなクリーム状になるまでです。

2 粉糖を加えて高速で混ぜる。

ふるった粉糖を一度に加え、ハンドミキサーの高速で白っぽくなるまで混ぜる。

> このサブレのほろっとした口当たりには、ここで白っぽくなるまで空気をたっぷりと含ませることが大切です。

3 卵黄を2回に分けて加える。

卵黄の半量を加え、バターとなじむまでしっかり混ぜ合わせたら、残りの半量も加えて、同様に混ぜ合わせる。

> 卵は一度に入れてはいけません。混ざりにくく、分離しやすくなるので、2回に分けて加え、よくなじませます。

4 牛乳を加える。

牛乳を入れ、さらによく混ぜてもったりとしたクリーム状にする。

> 牛乳は入れなくてもOKですが、入れることでよりソフト感が出ます。

5 羽根に残った生地をぬぐう。

ハンドミキサーの羽根に残った生地は、指で丁寧にぬぐってボウルの生地に加える。

6 薄力粉を加えて混ぜる。

ゴムべらに持ち替え、ふるった薄力粉を一度に加えて、生地を底から返すように混ぜる。粉気がなくなればよい。

7 生地をチェック！

指先に手粉をつけて、生地を軽く2〜3回叩いて平らにする。生地の表面を見て、バターの塊や粉気が残っていないかを確認する。

> 塊や粉が見えたら、また混ぜます。

8 生地を休ませる。

ポリシートの上に生地を出してひとつにまとめ、上にもポリシートをかぶせて手のひらで厚さ2cmほどに押しつぶして包む。冷蔵庫で1時間以上休ませる。

> 生地をポリシートで挟んだ状態で形を整えてから包みます。

9 生地を軽くもむ。

8の生地を2等分し、一方は冷蔵庫に入れておく。もう一方の生地をポリシートの上で、手のはらを使って軽くもむ。形作れる固さになったら、押しつぶして、麺棒でのばしやすい大きさと厚さにする。

10 麺棒でのばす。

ポリシートで生地を挟み、左右にカットルーラーを添え麺棒で3mm厚さにのばす。生地がゆるんできたら、冷蔵庫で冷やす。

こうすると打ち粉を使わないですみますよ。余分な粉が加わらない分、おいしく仕上がります。

11 型で抜く。

直径4cmの菊形の型で生地に無駄が出ないように、間隔をあけずに30枚抜く。抜き終わった残りの生地は、ひとつにまとめておく。

12 生地を天板に並べる。

抜いた生地を、天板2枚に15枚ずつ間隔をあけて並べる。

このとき、パレットナイフを使って生地を天板に移すと、形が崩れずに並べられます。

13 半分はさらに型で抜く。

一方の15枚は、上に重ねるために、中心を直径2.5cmの菊形の型で抜いてリング形にする。12の生地とあわせて、天板ごと冷蔵庫で1時間以上休ませる。

14 二番生地は一番生地に混ぜる。

11と13の残り生地（二番生地）は、やわらかければ冷蔵庫で冷やしてから、9の冷蔵庫に入れた生地（一番生地）に混ぜる。

こうすると、古い生地もおいしく、常に同じ味で仕上げられる。

15 残りの生地も同様に型で抜く。

同様にのばして型抜きし、仕上げる。

残りの生地は、ここで焼かなくてもいいですよ。ラップで包んだ状態で2～3日冷蔵保存できます。冷凍保存は3か月ほど可能です。焼くときは、前日に冷蔵庫に移して解凍します。

16 180℃で焼く。

180℃に予熱したオーブンに入れ、20分焼く。焼き上がったらケーキクーラーなどに移して冷ます。

焼き上がりは、香りと色で確認します。独特の香ばしい香りと、裏面のおいしそうな焼き色が目安です。

17 粉糖をふり、2枚1組にする。

粗熱が取れたら、リング形の生地に茶こしで粉糖をたっぷりふる。菊形の生地と2枚1組にして重ねる。

18 ジャムをのせる。

いちごジャムを小鍋に入れて中火で沸騰させ、とろみがつくまで煮詰める。これを熱いうちにティースプーンですくい、丸く抜いた部分にのせる。

作業台に1滴たらしてみて、ダラーッと流れず、膜ができる固さに煮詰めます。

卵白を使った生地を薄く焼き、
熱いうちに棒に巻きつけて表情をつける。

シガレット
Cigarette

割ってから日が経った卵白を使います。

シガレットは、薄く口溶けのよい生地。カリンと口の中で割れ、バターと牛乳のミルキーな風味がふわっと漂います。

この菓子を作る上でのポイントは、卵白。新鮮な卵を割ってから、2～3日経ったものを使います。室温において、さらさらと水っぽくなった状態のものがいいんです。

理由は、コシが強く盛り上がっていた卵白は、日数が経つにつれ、粘度のもとになるたんぱく質のコシが弱くなり、表面張力も弱まるから。新鮮な卵白だと膨らんだり固まったりする力が強く、絞った生地が丸くならず、楕円になってしまったり、状態が不安定なんです。**日をおくことで卵白は泡立てやすくなり、粉類などもむらなく混ぜやすくなります。さらに、生地も薄く広がります。** 菓子屋は、用途に応じて卵白も使い分けているんです。

真ん中は白っぽく焼き上げる。

シガレットは生地を天板に絞り、天板ごとトントンと台に打ちつけて薄くのばして、オーブンに入れます。大きさに多少違いはでますが、これがいちばん簡単に生地を薄く広げられるはずです。

焼き上がりは、周りにきれいに焼き色がつき、でも真ん中は白っぽい。これがシガレットの焼き方です。 同じ薄く焼く生地でも、違う名前の菓子の場合はシャブロンという円形の型を使ったり、全体に焼き色をつけたりしますが、この菓子にはこの焼き方。全面焼き色がつくまで焼くと、固くなって巻きづらくもなります。

フランス語で「巻きタバコ」という名前の通り、焼き上がったら、熱いうちにくるくると棒に巻いて形を作ります。生地が冷めると巻けなくなるので、できるだけ形は1回の巻きで決められるといいです。案外力の要る作業ですよ。

材料（55本分）

- バター（食塩不使用）…… 100 g
- 粉糖 …… 200 g
- 卵白 …… 125 g（約3½個分）
- 牛乳 …… 60 g
- 薄力粉 …… 150 g
- 澄ましバター（→p.41）…… 適量

> 粉糖はグラニュー糖でも構いません。卵白は割ってから室温で2～3日ほどおいたものを使います。

準備

- 卵白を室温で2日ほどおく。
- バターをやわらかくする（→p.40）。
- 粉糖、薄力粉をそれぞれふるう。
- オーブンを220℃に予熱する。

特に用意するもの

キッチンペーパー絞り袋、丸口金（口径10mm）、棒（直径1～1.5cm）

オーブン

- 温度／220℃
- 焼き時間／様子を見ながら5～8分

食べごろと保存

焼きたてよりも、一晩おいたほうが、味が落ち着いておいしいです。粗熱が取れてから、密閉容器に乾燥剤とともに入れて、室温で保存します。おいしく食べられるのは1週間程度。

> シガレットの作り方

1　バターをクリーム状にする。

準備したバターを泡立て器で練り混ぜ、なめらかなクリーム状にする。

> 写真のように、バターはかなりやわらかくします。ここでしっかりなめらかにすることで焼き上がりの状態が違ってきます。

2　粉糖を加えて混ぜる。

ふるった粉糖を一度に加え泡立て器で混ぜる。

3　すり混ぜる。

空気を入れないようにすり混ぜる。

> 膨らませる生地ではないので、空気を含ませる混ぜ方はしません。バターと粉糖がなじんできたら、泡立て器の針金の根元をしっかり握り、底をこするように回して混ぜていきます。

4　卵白を3回に分けて混ぜる。

卵白の1/3量を加えて、よくすり混ぜる。残りを2回に分けて加え、同様に混ぜる。

> 「泡立てる」ではなく「混ぜる」です。一度に入れると分離するので、分けて加え、1回1回しっかり乳化（→p.127）させます。

5　混ぜ終わりの状態。

バターの入った生地と、卵白がなめらかに混ざった状態になる。

6　牛乳を加えて混ぜる。

牛乳の1/3〜1/4量を加えて、よく混ぜる。生地と牛乳がなめらかになじんだら、残りも同様に混ぜる。

7　生地をチェック！

牛乳を加えて混ぜている途中で、生地がもろもろと分離した状態になってきたら、材料の薄力粉をひと握り加えて混ぜる。

> こうすると、分離しつつあった生地がなめらかにつながります。

8　薄力粉を加えて混ぜる。

ふるった薄力粉を一度に加え、なじむまで混ぜ合わせる。

9　混ぜ終わりの状態。

とろとろと流れるくらいのやわらかさになる。このまま室温で30分おいて生地を落ち着かせる。

> 生地をこの状態にしないと、薄く広がらないんですね。

10 天板の準備をする。

天板にキッチンペーパーで温かい澄ましバターを薄く塗る。

> 澄ましバターを厚く塗ると、生地に油分が染み込んで、表面にその油がぶつぶつ出てきてしまいます。だから薄く塗ります。

11 生地を絞り袋に詰める。

絞り袋に丸口金をつけて、口金のすぐ上側の部分の袋を口金に押し込んで、生地が流れ出ないようにし、9の生地を詰める。

12 生地を絞る。

天板の上に、直径3.5〜4cmの円形に絞る。このとき、3cmほどの間隔をあける。

13 生地を広げる。

天板を作業台に1〜2回強く打ちつけて、生地を直径5cmくらいの円形に広げる。

14 220℃で焼く

220℃に予熱したオーブンに入れ、様子を見ながら5〜8分焼く。焼き上がりは、周囲は焼き色がついているが、真ん中は淡いクリーム色になる。

15 天板からはがす。

軍手をして天板を取り出し、まだ熱い生地を1枚はがす。

> ここからは熱いので、やけどに気をつけてくださいね。パレットナイフで持ち上げてもいいですよ。

16 棒に巻きつけて丸める。

裏面を上にして棒をのせ、巻きつける。

17 形を整える。

巻き終わりに棒をグッと押しつけて形を整え、棒を抜き取る。15〜16をくり返して残りの生地も同様に形を作る。

> 生地が冷めてきたら、余熱の残るオーブンに入れて少し温め、しなやかな状態に戻します。

Chef's voice

生地の量は天板2枚分以上になるので、天板が数枚あれば、生地を絞って手順13まで行います。ただし、オーブンに入れるのは天板1枚ずつ。残りは室温におき、続けて焼きます。天板を使い回す場合は、しっかり冷まして、同様に澄ましバターを薄く塗ってから生地を絞ります。

クロッカンは、その名の通り、
カリカリじゃなければ絶対いけないんです。

クロッカン
Croquant

味の決め手は自家ローストのナッツ。

フランス語で「カリカリした」という意味のクロッカンは、その名の通り、**カリカリの焼き上がりじゃなければ絶対いけないんです。食べたときに"ネチャ"はクロッカンではない。**中がカラメル色になるまで、しっかりと焼くのが"おいしさの秘訣"であり、クロッカンの特徴です。

　この菓子の味わいの魅力は、何といってもカリッと噛むたびに広がるナッツの香ばしい風味。いろいろなナッツが歯や舌に当たるのがよいのです。ごろごろと入ったアーモンドとヘーゼルナッツは、オーブンでローストして使います。

　このローストは、オーブンに入れてでき上がりではありません。皮つきのナッツは、表面を見ただけでは火の入っている加減がわからないので、何度かオーブンからひと粒取り出して、割って確認します。オーブンの焼き時間は目安で、芯まで火が入っていれば焼き上がりです。

　こうやって**自分で焼いたナッツの風味は、市販のローストしたナッツとはまったく違います。菓子を構成するこういう副材料に自分の手をかけることで、菓子作りの楽しさはもっと深くなっていくと思いますよ。**そうそう、もっとおいしいクロッカンを作りたければ、新鮮でいい豆を買ってくださいね。

乾燥させるように、焼きます。

クロッカンの作り方自体は単純かもしれません。でも大事なのは"焼き"です。芯まで火が入るように、**時間をかけて乾燥させるように焼き上げることで、香ばしくてザクザクとした食感になります。**素朴な菓子だからこそ、素材や火入れの違いが風味や食感に影響するわけです。

材料（25枚分）

アーモンド …… 30g
ヘーゼルナッツ …… 20g
ピスタチオ …… 10g
グラニュー糖 …… 150g
薄力粉 …… 38g
卵白 …… 38g（約1個強分）

> ナッツ類は、新鮮で良質な生豆を使うのが理想です。卵白は割って2～3日おいたものを使います。

準備
- 卵白を室温で2～3日おく。
- 天板にオーブンシート（またはクッキングペーパー）を敷く。
- 薄力粉をふるう。
- オーブンを170℃に予熱する。

特に用意するもの
オーブンシート（またはクッキングペーパー）、ティースプーン

オーブン
◉ナッツ類のロースト
・170℃で13分＋200℃で3分
◉本体
・170℃で30分＋180℃で10分

食べごろと保存
焼きたてよりも、一晩おいたほうが、味が落ち着いておいしいです。密閉容器に乾燥剤とともに入れておけば、室温で1か月は保存できます。

クロッカンの作り方

1 ナッツ類を焼く。

アーモンドとヘーゼルナッツを天板に広げ、170℃に予熱したオーブンに入れて13分焼き、設定温度を200℃に上げて3分焼く。

2 焼き上がりの確認。

アーモンド（写真左）とヘーゼルナッツ（写真右）をそれぞれ割り、芯が茶色く色づいていれば焼き上がり。焼き終わった時点で、オーブンの設定温度を170℃にして予熱する。

見た目では判断しにくいので、必ず割って確認してください。芯までしっかり火を入れることで、カリッとした食感と香ばしい風味が出ます。

3 ヘーゼルナッツの皮をむく。

ヘーゼルナッツは、指先で軽くこすって皮をむく。

アーモンドの皮は結構おいしいんですが、ヘーゼルナッツの皮は消化しにくいのでむいてしまいます。粉ふるいやざるの上で転がすと簡単にむけますよ。

4 ナッツ類を粗めに刻む。

2のアーモンドと3にピスタチオを加え、包丁で粗めにザクザク刻む。

5 刻み終わりの状態。

ナッツ類のそれぞれの味わいや食感が残るほうがよいので、あまり細かく刻まなくていい。

6 グラニュー糖と薄力粉を混ぜる。

ボウルにグラニュー糖とふるった薄力粉を合わせて、手でむらなく混ぜる。

7 ナッツ類を混ぜる。

5を加え、ゴムべらでむらなく混ぜる。

8 卵白を加えて混ぜる。

卵白を加え、ボウルの底から返すように混ぜる。

9 粉っぽさがなくなるまで混ぜる。

全体がなじんで、粉っぽさがなくなるまで混ぜる。

10 天板に並べる。

準備した天板に、9の生地を直径3cmくらいになるようにティースプーンなどですくって並べていく。

> この生地は、焼いている間に流れて広がります。5cmほど間隔をあけて並べましょう。

11 170℃で焼く。

170℃に予熱したオーブンに入れて30分焼き、設定温度を180℃に上げて10分焼く。

> 生地の量は天板数枚分になりますが、室温に置いてもだれたりしないので、天板1枚分を焼いてから、続けて焼くといいでしょう。

12 焼き上がりを確認する。

表面が乾いて、持つと軽くて固ければ焼き上がり。水分がしっかり抜けて、カサカサと乾いた音がする。

13 裏面も確認する。

裏面にもしっかり色がついているか確認する。ケーキクーラーなどに移して冷ます。

Chef's voice

ナッツ類以外、バターなどの油脂分が入らない菓子なので、酸化しにくく、1か月はおいしさを保つことができます。多めに作って、密閉容器などに保存しておくといいですよ。

CHECK

断面 生地は横に広がってあまり膨らまない。中をカラメル色になるまで焼くことで、独特の乾いた食感になる。

はちみつと香辛料でねっちりスパイシーに。
パン・デピス・ダルザス
Pain d'épices d'Alsace

　"パン・デピス"といえばフランス・ブルゴーニュ地方ディジョンの、香辛料の入ったケーキを思い浮かべる人も多いでしょう。でもスイス、ドイツと国境を接するアルザス地方にも古くから作られてきた、クッキー風のパン・デピスがあります。ここではそちらを紹介します。12月6日のサン=ニコラの日に欠かせない菓子で、さまざまな形に作って飾られたりもします。ねちっと歯にまとわりつく食感と、**噛みしめるたびに広がる濃厚な香りが特徴**で、粉にはちみつと香辛料をたっぷり混ぜ込みます。

　アルザスではメルヘンチックな型が使われているので、それにならって小さな型を選んで抜きましたが、好みのもので構いません。**バターなどの油脂を使っていないので、数か月単位で保存が可能です。**時間の経過とともに味わいが変化していくので、それを楽しむのもおすすめですよ。

材料（30個分）

- A
  - はちみつ …… 125 g
  - グラニュー糖 …… 125 g
  - 牛乳 …… 22 g
- 薄力粉 …… 250 g
- B
  - シナモン（パウダー）…… 1 g
  - アニス（パウダー）…… 3 g
  - クローブ（パウダー）…… 3 g
  - ナツメグ（パウダー）…… 3 g
  - 重曹 …… 1 g
- アーモンドスライス …… 62 g
- レモンの皮（黄色い部分を すりおろしたもの）…… 1/4個分
- ビターアーモンドエッセンス …… 12 g
- キルシュヴァッサー …… 22 g
- 塗り卵（全卵）…… 適量
- 手粉、打ち粉（ともに強力粉）…… 各適量

> はちみつは好みのものを。ここではアカシアのはちみつを使用しました。ビターアーモンドエッセンスは、なければ入れなくても構いません。キルシュヴァッサーはサクランボの蒸留酒です。

準備
- Bの材料は混ぜ合わせておく。
- 天板にオーブンシート（またはクッキングペーパー）を敷く。
- オーブンを170℃に予熱する。

特に用意するもの
鍋、カード、ポリ袋（厚手で大判のもの）、麺棒、厚さ5mmのカットルーラー2本（または角棒など）、抜き型（直径4〜5cmの好みの形）、パレットナイフ、刷毛、オーブンシート（またはクッキングペーパー）、ケーキクーラー

オーブン
- 温度／170℃
- 焼き時間／15分

食べごろと保存
焼きたてより、2〜3日たったころからおいしくなる。密閉容器に乾燥剤とともに入れておけば、室温で3〜4か月は保存できます。

12時間前

1　糖液を作る。

鍋にAを合わせて沸騰させ、そのまま1時間ほどおいて冷ます。

> はちみつとグラニュー糖を合わせて沸騰させ、よくなじませます。

2　粉とスパイスを混ぜる。

薄力粉を作業台の上でふるいにかける。中央をくぼませてBを置き、手で軽く混ぜ合わせる。アーモンドスライス、レモンの皮、ビターアーモンドエッセンス、キルシュを加え、手で軽く混ぜ合わせる。

3　糖液を加える。

2に、冷めた1を加え、片手で全体を混ぜ合わせたら、練り混ぜていく。

> この作業はボウルよりも作業台の上のほうがやりやすいです。最初はべたつくので、両手で触るより片手だけで混ぜたほうが作業効率がいいです。

4　手のひらで練り混ぜる。

手のひらで生地を向に押し、握って手前に戻すように動かしながら、糖液がむらなくなじみ、まとまるまでよく練り混ぜる。

5　生地をまとめる。

カードで生地を集め、作業台についた生地もきれいに集めて、ひとつにまとめる。

6　手についた生地もまとめる。

手についた生地を丁寧に落とし、それも加えて、ひとつにまとめる。作業台にくっつくようなら、適宜打ち粉をふる。

p.30に続く

> パン・デピス・ダルザスの作り方

7 生地をチェック！

指先に手粉をつけて、生地を軽く2〜3回たたいて平らにする。生地の表面を見て、材料が混ざっているか、粉気が残っていないかを確認する。残っていたら混ぜ直す。

8 生地を12時間休ませる。

7の生地を均一な厚さに押しつぶしてポリ袋で包み、冷蔵庫で12時間以上休ませる。

> 生地に加えた糖液と粉、スパイス類を、12時間かけてしっかりなじませます。

9 冷蔵庫から出し、生地を練る。

作業台に軽く打ち粉をふる。冷蔵庫から8を出し、手で軽く練って形作れる固さにし、平たい長方形にして横長に置く。ここで、オーブンを170℃に予熱する。

10 生地を5mm厚さにのばす。

9の生地の左右にカットルーラーを添え、麺棒で5mm厚さにのばす。必要なら生地の表面、作業台、麺棒などに打ち粉を軽くふる。

> ポリシートに生地を挟んでのばしてもいいですよ。

11 向きを変えてのばす。

ある程度のびたら、麺棒に生地を巻きつけて上下の向きを変えて、同じようにのばす。

12 のばし終わり。

生地の端まで同じ厚さになるようにのばす。

13 型に粉をつける。

好みの抜き型を用意し、打ち粉をつける。

> 打ち粉をつけると、生地がくっつかず離れやすくなります。

14 間隔をあけずに抜く。

生地に無駄が出ないように間隔をあけずに抜く。

> やわらかい生地なので、抜いた後はパレットナイフを使って天板へ移してください。

15 塗り卵を塗る。

14の生地を準備した天板に間隔をあけて並べ、刷毛で塗り卵を塗る。

16 170℃で焼く。

170℃に予熱したオーブンに入れ、約15分焼く。焼けたらケーキクーラーなどに移して冷ます。

CHECK

断面 見た目はキメが粗くポロポロとした印象だが、生地は思いのほか固く、ねっちりとしている。

Chef's voice

この生地には、はちみつと砂糖が合わさったものがたっぷり入るため、生地作りはかなりべたつきます。ボウルの中で練り混ぜて作るのは難しいので、作業台に打ち粉とカードを用意して、片手で練り、もう片方の手でカードを使って生地を集めるようにして作業を進めてください。

「おいしく焼く」ということ。

基本の焼き方と温度というのはだいたい決まっています。ケーキなら170〜180℃で時間をかけて焼くとか、シュー生地は200℃でなどと紹介しています。それなら単にタイマーをかけて焼けばいいのか、というと、そこは違うんですね。せっかく生地を作ったのだから、「おいしく焼く」ということを意識してもらいたいんです。どこまで焼くか、自分が納得する風味や焼き色、食感を見極めながら焼けるようになると、作り手の思いや感性がそのまま表現されると思います。

目指す焼き色は、"cuite d'or"（キュイ・ドール）。黄金色に焼くという意味です。僕がいたころのフランスでは、これがすべての菓子に共通する焼き方の基本でした。しっかり火を入れることで糖分が表面に浮き上がり、その糖分がカラメリゼしたように焼けるから、おいしそうな色、黄金色に焼き上がるわけです。

僕だって初めて使うオーブンは、家庭用でも、様子をつかむまではすごく気になります。だから、入れっぱなしにする、ということはなくて、見ていなくても香りを気にしていますし、頭の中でどこまで焼けているかを想像しています。

また時間は目安に過ぎないので、焼けた色気を見て、触ったり、裏面も見たりして焼き上がりを確認します。これがいちばんわかりますよ。

ご家庭でもオーブンの傾向があるでしょうから、例えば、サブレなどを並べて焼いたら、どこに濃い焼き色がついたかを覚えておいて、次回は最後に天板の前後を入れ替えるといった工夫はして欲しいですね。

「オーブンで焼く」とは、生地を膨らませたり、固めたりし、最終的に焼き色をつける作業ですが、そこに「乾かす」という意識も加えるといいと思います。焼き上がった後、ちょっと乾かす。そのひと呼吸が、皆さんの「焼き」を大きく変えるはずです。

しっかり膨れたところで状態を見極める。

焼き上がりを手の感触で確かめる。

裏面を見て、想像通りの焼き上がりかをチェックする。

焼ききった時の独特の香りを確かめる。

4つの材料をすべて同じ分量で合わせて作る、
バターケーキの基本中の基本を。

カトル・カール
Quatre-Quarts

材料は殻ごとはかった卵と同量。

バター、砂糖、卵、粉の4つの材料を¼ずつの割合で合わせることから、「4同割り」を意味するカトル・カールと呼ばれる焼き菓子です。その昔、天秤ばかりで計量していた時代の名残りで、今日でもカトル・カールを作るときは、**卵を殻ごとはかり、その重量に合わせて残り3つの材料を用意するのが基本**です。右の材料表で説明すると、殻つき卵3個分の重量が189gだったので、他の主材料を189gとしたわけです。

この菓子を作るときは、やわらかいバターをポマード状にします。今はポマードになじみがないようなので、クリーム状でもいいですよ。そのときのバターですが、僕は冷蔵庫から出したてをボウルに入れ、コンロの火に軽く当てて温めて、混ぜていきます。室温でゆっくり戻すと、酸化した臭いがして、それが好きじゃないからです（→p.40）。この方法は温め加減に慣れが必要なので、皆さんは電子レンジや湯せん（→p.91）を利用するといいと思います。**大切なのは、短時間でやわらかく戻す、ということです。**

バターに空気を含ませ、常に乳化を意識する。

やわらかくしたバターを泡立て器でなめらかなクリーム状にしたら、グラニュー糖を一度に加えます。ここから泡立て器をグッと握り込み、全力で混ぜてバターに空気を含ませます。砂糖を加えた瞬間、バターは水分を吸収されてクッと締まりますが、混ぜているうちに戻ってきます。全体が白っぽくふんわりするまで十分に空気を含ませることで、焼いた際にバターが抱き込んだ気泡が核となって生地がよく膨らみ、キメ細かく仕上がりますよ。**生地作りのポイントは、「乳化（→p.127）」。乳化は菓子屋の常識です。**分離しないように気をつけて、丁寧に作っていきましょう。

材料（直径16cm2台分）
- 卵 …… 3個（殻ごと全卵で189g）
- グラニュー糖 …… 189g
- バター（食塩不使用）…… 189g
- 薄力粉 …… 189g
- ベーキングパウダー …… 1g
- 澄ましバター（→p.41）…… 適量

> ベーキングパウダーはご家庭で作るときの安心材料のような役割。でき上がりの膨らみは少し減りますが、なければ入れなくてもいいです。

準備
- バターをやわらかくする（→p.40）。
- 卵は室温に戻す。
- 薄力粉とベーキングパウダーを合わせてふるう。
- オーブンを180℃に予熱する。

特に用意するもの
直径16cmのマルグリット型2個（丸型や角型でもよい）、刷毛、軍手、ケーキクーラー

オーブン
- 温度／180℃
- 焼き時間／35〜40分

食べごろと保存
半日ほどすると生地が落ち着いて、風味とともにバターの香りが立ってきます。乾燥しないようにラップで包み、室温で4〜5日は保存できます。少し乾燥してカリカリになっても、薄く切って食べるとおいしいですよ。

カトル・カールの作り方

1　型に澄ましバターを塗る。

型に温かい澄ましバターを刷毛で塗る。マルグリット型は、溝の部分も丁寧に塗る。

ブリキ型の場合は、澄ましバターを塗って冷蔵庫で冷やし固めてから、強力粉を入れて型を回して全体にむらなくくっつけ、余分な粉を落として使います。

2　バターとグラニュー糖を混ぜる。

準備したバターを泡立て器で練り混ぜてなめらかなクリーム状にし、グラニュー糖を加えてすり混ぜる。

全体が白っぽくふんわりとするまで、空気を含ませるようにしてすり混ぜます。

3　卵を1個加えて混ぜる。

室温に戻した卵を1個加え、バターとなじむまで、力を入れてしっかり混ぜ続ける。

最初は少しもろもろとして分離したように見えてますが、心配しなくて大丈夫。混ぜているうちにつながってきます。これが乳化（→p.127）した状態です。

4　残りの卵を加えて混ぜる。

残りの卵も1個ずつ加え3と同様に混ぜる。

必ず、加えた卵を完全に乳化させてから次を加えてください。これが基本です。バターと卵は同じくらいの温度にするのも基本です。どちらかが冷たいと、なじみにくい原因になりますよ。

5　生地をチェック！

4で卵3個を混ぜ終わったときに、生地が分離していないか、確認する。

卵は7割以上が水分なので、バターと卵は油と水の関係です。混ぜても乳化せずに卵が浮いているような状態だと、分離の可能性があります。

6　分離したら粉を少量加える。

混ぜても生地がもろもろとしてなじまないようなら、準備したふるった粉類をひと握り分加える。

7　粉気がなくなるまで混ぜる。

加えた粉が見えなくなるまで混ぜる。生地がなめらかになる。

粉が水分を吸ってくれるので、分離していた生地がつながります。

8　粉類を加えて混ぜる。

ゴムべらに持ち替え、泡立て器に残った生地を丁寧にぬぐってボウルの生地に加える。ふるった粉類を一度に加える。

混ぜる手を止めたくないので、粉を加える際は2人で作業するといいですよ。

9　生地を底から返すように混ぜる。

片手でボウルを手前に回しながら、生地を底から返すように混ぜる。

10 混ぜ終わりの状態。

粉気がなくなり、なめらかになったら混ぜ終わり。

> 粉が残らず、混ざればいいです。

11 生地を型に入れる。

準備した2台の型に、10の生地を等分に入れる。

> 泡立てて作る気泡を含んだふわふわの生地ではないので、ボウルからカードなどですくって型にポトンと落としていって大丈夫。

12 生地を行き渡らせる。

型を回すなどして、すき間ができないように生地を全体に行き渡らせる。

13 気泡を抜く。

作業台にトントンと軽く打ちつけて、生地を型のすみずみまでなじませ、余分な気泡を抜く。

14 180℃で焼く。

180℃に予熱したオーブンに入れ、35〜40分焼く。

> 一度に2台焼けない場合は、1台は冷蔵庫で待機させてください。そのまま1〜2日の保存も可能ですよ。

15 焼き上がりを確認。

表面の中央を指先で軽く触り、弾力があれば焼き上がり。焼けていないと戻りがない。

> 竹串を刺すようなことはしないよ！ 焼き上がりの色気を見て、手で触ってみてください。手がいちばんわかります。

16 落としてショックを与える。

軍手をしてオーブンから取り出し、すぐに作業台の上10cmくらいの高さから2回ほど落としてショックを与える。

> 型とケーキが接する底の部分に溜まっているガスを抜くのが目的です。このガスを抜いてやるとおいしさが違う。

17 型をはずし、逆さにして冷ます。

型をはずし、模様のついた部分を上にして、ケーキクーラーの上にのせて冷ます。

CHECK

断面 整ったキメとしっかりとした弾力、底のほどよい焼き色。バターに含ませた空気が、生地の膨らみとキメの決め手。

しっかり泡立てた強いメレンゲで作る、
軽くソフトな2色のバターケーキ。

ケーク・マーブル
Cake marbre

卵黄と卵白を別々に加える。

バターケーキの生地は、作り方の違いで膨らみ方やキメの状態などが違ってきます。先に紹介した「カトル・カール」(→p.32) は、クリーム状にしたバターに卵を全卵のまま加える方法で作りましたが、ここでは卵黄と卵白を分けて加える、別立てと呼ばれる作り方で、マーブル模様のケーキを作ります。

生地作りのポイントはカトル・カール同様に、**空気を含ませたバターと卵をきちんと乳化(→p.127)させること**。全卵で混ぜ合わせる場合は卵を数回に分けて少量ずつ加え、そのつどしっかり混ぜて乳化させていきます。でも、別立てにすると、乳化の働きをもつ卵黄を先に混ぜ込み、水分の多い卵白をメレンゲにして加えることで、それほど分離を心配する必要はありません。

キメが細かく強いメレンゲを作る。

油脂分の多いチョコレートと合わせても、**気泡がつぶれず、オーブンの中でしっかり生地を持ち上げてくれる強いメレンゲを作ります。**キメ細かくつやがあり、すくうと角がぴんと立つのが理想です。泡立て器を使うと、混ぜるスピードや力の入れ方が不規則で均一の泡が作りにくいので、ハンドミキサーを使ってください。また、卵4個分の卵白を手で泡立てるのは難しいです。

強いメレンゲを作るには、**砂糖を加えるタイミングにも気をつけます。**卵白の塊がほぐれたところではまだ早い。泡が立ち始めても、その泡がまだ大きければ入れても弱いメレンゲにしかなりません。大切なのは、泡が細かくなり全体が白っぽくなってから加えること。高速で一気に泡立てます。

別立てで作ったケーキは、このメレンゲの空気が加わって、より軽い食感になります。

材料（18×8×6.5cm2台分）
バター（食塩不使用） …… 175g
グラニュー糖 …… 105g
卵黄 …… 4個
牛乳 …… 88g
薄力粉 …… 175g
ベーキングパウダー …… 2g

✿メレンゲ
　卵白 …… 4個分
　グラニュー糖 …… 30g

クーベルチュール・チョコレート
（カカオ分56%） …… 70g
澄ましバター（→p.41） …… 適量

> クーベルチュール・チョコレートとは製菓専用のチョコレートです。板チョコなどと比べて、なめらかに溶けて風味も強いのが特徴です。ここではヴァローナ社の「カラク」のタブレットを使用。カカオ分の少ない、甘いチョコレートがおすすめです。

準備
◉ バターをやわらかくする（→p.40）。
◉ 卵は室温に戻す。
◉ チョコレートを湯せんで溶かす（→p.91）。
◉ 薄力粉とベーキングパウダーを合わせてふるう。
◉ オーブンを180℃に予熱する。

特に用意するもの
18×8×6.5cmのパウンド型2個、刷毛、ハンドミキサー、温度計、竹串、軍手、ケーキクーラー

オーブン
◉ 温度／180℃　◉ 焼き時間／30分

食べごろと保存
焼き上がった翌日以降が生地も落ち着いておいしくなります。乾燥しないようにラップで包み、室温で1週間は保存可能。

ケーク・マーブルの作り方

1　型に澄ましバターを塗る。

型の内側に温かい澄ましバターを刷毛で塗る。角の部分も丁寧に塗る。

> 澄ましバターは、温かくなければ、薄く均一に塗れませんよ。

2　バターに砂糖と卵黄を混ぜる。

準備したバターを泡立て器で練り混ぜてクリーム状にする。グラニュー糖を加えてすり混ぜ、空気を十分含ませる。全体が白っぽくふんわりとしたら、卵黄を1個加え、バターになじむまで力を入れてしっかり混ぜる。残り3個も同様にする。

3　牛乳を加える。

牛乳を2〜3回に分けて加え、よく混ぜる。

> チョコレートを加えると生地が締まって固くなってきますが、牛乳を加えることでソフト感が出ます。

4　生地をチェック！

牛乳を加え混ぜている途中で、生地がもろもろと分離した状態になっていないか確認する。

> 牛乳は水分なので、なかなか生地が乳化しないことがありますよ。

5　材料の粉をひと握り加える。

混ぜても生地がなじまないようなら、準備したふるった粉類をひと握り分加えて、混ぜる。

> 牛乳が浮いているような状態だと、分離しています。粉を加えると水分を吸ってくれるので、生地がつながります。

6　粉類を加えて混ぜる。

ゴムべらに持ち替え、泡立て器に残った生地を丁寧にぬぐって加える。ふるった粉類を一度に加え、片手でボウルを手前に回しながら、生地を底から返すように混ぜる。

> 混ぜる手を止めたくないので、粉を加える際は2人で作業するといいですよ。

7　卵白を溶きほぐす。

きれいなボウルに卵白を入れ、ハンドミキサーの低速でコシを切り、中速にしてよく溶きほぐす。

8　グラニュー糖を加える。

泡が細かくなり、全体が白っぽくなってきたらグラニュー糖を加え、高速で泡立てる。

> 卵白に砂糖を加えるタイミングが大事です。大きい泡の段階で砂糖を入れても、安定した強いメレンゲになりません。

9　しっかりしたメレンゲを作る。

つやがあり、目が詰まって固いくらいのしっかりとしたメレンゲになればよい。

10 生地を分けチョコレートを入れる。

⑥を目分量で2等分し、半分を別のボウルに入れる。一方に準備した溶かしたチョコレートを加える。

生地と合わせたときに、冷えて固まらないように、チョコレートは35℃くらいの温度にして、加えて下さい。

11 チョコレート生地を作る。

ゴムべらでむらがなくなるまで混ぜ合わせる。

12 メレンゲを加えて混ぜる。

メレンゲをチョコレート生地に55％、もう一方の生地に45％の割合で加え、それぞれつやが出るまでしっかり混ぜる。

何も加えない生地に比べて、チョコレートの生地は重たいので、メレンゲを多めに入れます。

13 混ぜ終わりの状態。

メレンゲの白い筋が消え、つやがでるくらいしっかり混ざればよい。

フワ～ッとやさしく混ぜる…そんなんじゃダメですよ。怖がらずに、メレンゲを殺す（つぶす）ようにしっかりと混ぜて構いません。

14 生地を型に入れる。

準備した2台の型に、⑬のそれぞれの生地をゴムべらでひとすくいずつ交互に入れる。

15 マーブル模様にする。

竹串を刺し込んで、マーブル模様になるようにざっくり混ぜる。

混ぜすぎない方が、きれいな模様になります。

16 180℃で焼く。

180℃に予熱したオーブンで、30分焼く。軍手をして取り出し、作業台に10cmくらいの高さから2回ほど落としてガスを抜く。型からはずし、ケーキクーラーにのせて冷ます。

割れ目の中まで焼き色がつき、指で軽く押してみて弾力があれば焼き上がり。

CHECK

 断面 マーブル（大理石）の模様になります。メレンゲを加えるので、ふわりとした食感です。

変化させて使う材料 ❶

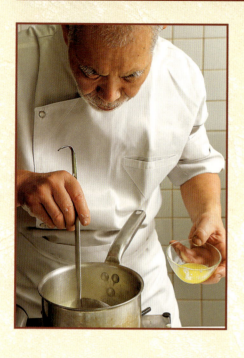

バター
Beurre

芳醇な香りとコクのある深い味わいは、マーガリンやショートニングなどの植物性油脂では得られないバターならではの醍醐味です。

　冷たいまま粉とすり合わせる、やわらかくして卵や砂糖と混ぜ合わせる、液体状に溶かして生地に混ぜるなど、作る菓子によって状態を変えて使います。つまり、作る生地に応じてバターの固さを的確にコントロールすることが、菓子の仕上がりを左右する大きなポイントと言えます。

　バターは一度溶かすと、水分と脂肪球が分離し、再び固めても元の状態には戻らず、風味も口当たりも悪くなり、本来の特性を失います。温度管理には十分気をつけてください。

状態を変えて使います。

バターには、なめらかなクリーム状に混ぜていくときに、空気を抱き込む性質があります。サブレやカトル・カールなどは、クリーミング性と呼ばれるこの性質を利用して生地を作ります。

■冷たいまま

冷蔵庫から出したての冷たくて固いバターを使う。

> サブレ・パリジェンヌやクランブルを作るときは、必ず冷たいバターを使います。使う大きさにカットしておいて、使う直前まで冷蔵庫に入れておくとよいでしょう。

■やわらかくする

冷蔵庫から出したてのバターを適当な大きさに切り、ボウルに入れて泡立て器で混ぜながら底をコンロの火に当てて温める。

> 時間をかけて室温で戻す間に空気に触れて、酸化臭が出てくることを避けるために、火にかけて素早くやわらかくします。この方法は微妙な温度調整が難しく、やけどの心配もあるので、ご家庭ではバターを1cm厚さにスライスして、10秒単位で電子レンジにかけてやわらかくするといいでしょう。

■クリーム状にする

バターがやわらかくなったら火から下ろし、塊のないなめらかなクリーム状になるまで混ぜる。

> 僕はポマード状と言いますが、ポマードを今は知らないという人もいるんですよね。つやのあるなめらかなクリーム状です。

加熱して溶かして使います。

バターは温度が上昇すると形が変わりやすい性質（可塑性）があります。
加熱が進むと、香りも形も大きく変化し、その変化を生かして使います。

■ 溶かしバター

1 冷蔵庫から出したてのバターを適当な大きさに切り分けて鍋に入れ、中火にかける。

2 泡立て器でかき混ぜながら、バターの塊を溶かす。

3 泡立ちが収まって、バターが完全に溶ければ、溶かしバターが完成。澄ましバターが必要なら、さらに加熱する。

マドレーヌやジェノワーズ生地に使いました。生地に加えて独特の香りとコク、さらにつやを与えます。

■ 澄ましバター

4 溶けたバターが3層に分かれてくる。表面の白っぽい泡はアク、鍋底に沈殿したものは乳しょう（水分、たんぱく質、糖質など）。

5 表面の泡をよけて、上澄みの黄色い液体を静かにすくって取り分ける。

フーッと静かに息を吹きかけると、表面の泡が逃げてすくいやすいです。

6 透き通った油脂分だけが取れた。これが澄ましバター（ブール・クラリフィエ）。粗熱が取れると、完全に油脂分が分離する。焦がしバターが必要なら、さらに加熱する。

風味は弱いですが、乳しょうが焦げた臭いで生地にダメージを与える心配がないので、温かい状態で型用の塗りバターにします。鶏肉や魚のソテーなど料理に使ってもいいですよ。

■ 焦がしバター

7 だんだんバターが茶色く色づき、香ばしい香りがしてくる。はしばみ色（ヘーゼルナッツの色）になれば、火から下ろす。ぬれ布巾を横に置き、焦げそうになったら火から下ろす。

有塩バターを使うと、塩が先に焦げてしまい風味が悪くなります。バターは食塩不使用を使ってください。

8 目の細かいざる（写真は裏ごし器）でこし、焦げた乳しょうやアクを取り除く。

9 氷につけて粗熱を取る。これが焦がしバター（ブール・ノワゼット）。

氷ですぐに粗熱を取り、加熱が進まないようにします。

焼き色と香ばしい香りが特徴。フィナンシェ、ウィークエンドの生地に、深みのあるコクと香ばしさを与えます。

手作りだから味わえるサックリ感。
オーブンの中でプクリと飛びだす"へそ"がこの菓子の顔。

マドレーヌ
Madeleine

卵は手立てでターッと流れるくらいに。

マドレーヌにもいろんな作り方があって、うちの店では普段、卵黄と卵白を別にして、卵白を泡立ててから混ぜ合わせて作っています。でも、それをやると温度の管理や、1日生地を寝かせておくなどいろいろ難しい条件がでてくるので、ここでは1時間休ませれば失敗なく作れる、家庭向けのレシピを紹介します。そのかわり乾きやすいので、焼きたての風味がよいうちに、日をおかずに食べるのがおすすめです。

材料のバターを溶かしたら、卵と砂糖を合わせて泡立てていきます。卵を泡立てるのは「ウィークエンド」(→p.50)の作り方と同じですが、マドレーヌは生地に弾力が欲しいので、ふんわりと大きく泡立てる必要はありません。だから使うのは泡立て器。**泡立て器で生地をすくい上げると、ターッと流れ落ちる状態が泡立て終了の目安**です。

さまざま要素が合わさって、ぷっくり出べそを作る。

マドレーヌの代名詞となっている出べそのような膨らみは、**貝の形をした独特の型を使うこと、そして生地を作る手順とその方法など、さまざまな条件が合わさって生まれます。**

生地を型に流して高温のオーブンに入れると、型の外側から先に焼き固まって、表面は薄皮状になります。このとき、型の中央の深くなっている部分には、まだ液状の生地が残っています。これがベーキングパウダーの働きも加わって膨らもうとし、マグマのように一気に上へと膨れ上がります。これがマドレーヌのへそとなるわけです。

焼き上がる少し前になると、生地がむくむくと盛り上がってきます。これを眺めているのも楽しいですよ。

材料（長径約7.5cm15個分）

卵 …… 2個
グラニュー糖 …… 90g
薄力粉 …… 140g
ベーキングパウダー …… 7g
はちみつ …… 20g
バター（食塩不使用）…… 100g
レモン …… 1/2個
澄ましバター（→p.41）…… 適量

はちみつは好みのものを使ってください。

準備
- 卵は室温に戻す。
- 薄力粉とベーキングパウダーを合わせてふるう。
- オーブンを220℃に予熱する。

特に用意するもの
長径7.5cmのマドレーヌ・シェル型15個（ここでは9個取りを2枚使用）、刷毛、小鍋、おろし金、温度計、絞り袋、丸口金（口径10mm）、軍手、ケーキクーラー

オーブン
- 温度／220℃
- 焼き時間／12分

食べごろと保存
粗熱が取れて1〜2時間したころがおいしいです。1個ずつラップで包んで、乾燥剤とともに密閉袋に入れれば、室温で4〜5日保存可能。ただし、本当においしい食べごろは翌日くらいまで。

マドレーヌの作り方

1 型に澄ましバターを塗る。

型に温かい澄ましバターを刷毛で塗る。溝の部分も丁寧に塗る。

2 溶かしバターを作る。

冷蔵庫から出したバターを適当な大きさに切り分け、小鍋に入れて中火にかけ、泡立て器で絶えずかき混ぜながら溶かす。完全に溶けたら火を止める。

3 レモンの皮をすりおろす。

レモンの皮の黄色い部分を、おろし金ですりおろす。おろし金に残った皮は刷毛で落として使う。

> 黄色い皮の部分だけを丁寧にすりおろします。白い部分は苦味があるので、すりおろさないよう注意。

4 卵とグラニュー糖を混ぜる。

ボウルに卵とグラニュー糖を入れ、泡立て器で混ぜ、白っぽくふんわりとするまで混ぜる。

5 混ぜ終わりの状態。

泡立て器ですくうと、生地がターッと流れ落ちる状態になればいい。

6 粉類を加えて混ぜる。

ふるった粉類を一度に加え、ゴムべらに持ち替えて、生地を底から持ち上げて返すようにしてさっくりと混ぜる。

> この後で他の材料を混ぜ合わせていくので、ここでは完璧に混ぜなくていいですよ。

7 はちみつを加えて混ぜる。

はちみつを加え、むらなく混ぜる。

> はちみつは、生地をしっとりさせる役目をしてくれます。粘り気と固さがあるので、きちんと混ぜていきます。

8 レモンの皮を加えて混ぜる。

3のレモンの皮を加え、混ぜる。

9 溶かしバターを加えて混ぜる。

2を一度に加え、片手でボウルを手前に回しながら、生地を底からすくい上げて返すようにしてよく混ぜ合わせる。

> 溶かしバターは、冷めていれば少し火にかけ、温度を32℃くらいにします。こうすると混ざりやすいですよ。

10 生地を休ませる。

つやが出るまでしっかり混ぜたら、ボウルの底にバターが沈んでいないことを確認する。ボウルにラップをかぶせ、室温で1時間以上休ませる。

> 材料同士がなじみ、生地が落ち着くので、キメの整った焼き上がりになります。

11 生地を絞り袋に入れる。

絞り袋に丸口金をつけ、口金のすぐ上側の部分の袋を口金に押し込んで、生地が流れ出ないようにし、10の生地を入れる。

12 型に生地を絞り入れる。

1で準備した型の八分目くらいまで絞り入れる。

13 220℃で焼く。

220℃に予熱したオーブンに入れ、12分焼く。

14 焼き上がり。

きれいな焼き色がつき、生地の中央が盛り上がったら焼き上がりの目安。

15 型からはずす。

軍手をしてオーブンから取り出し、作業台に2度ほどカタンと打ちつけてガスを抜く。型からはずし、ケーキクーラーの上で膨らんだ面を上にして冷ます。

CHECK

断面 周囲から焼き固まり、中央が盛り上がる。ガスが中央から抜けた様子が、縦に筋状の穴として残っている。

生地を休ませることもなく、焼き時間も短い。
材料さえそろえれば、簡単です。

フィナンシェ
Financier

熱したバターがねっちり感を作る。

卵白だけで作れる焼き菓子が、フィナンシェ。フランス語で「金融家、資産家」を意味する名前は、形が金の延べ棒に似ていることからつけられました。この菓子のおいしさは、焦がしバターとアーモンドパウダーの香ばしい風味にあります。

「マドレーヌ」(→p.42)が生地の膨らむ力を生かして作るのとは対照的に、フィナンシェは膨らむ力を抑えて、ねっとりとした食感に仕上げます。

作り方はとても簡単で、材料をただ混ぜていくだけです。粉類とグラニュー糖をよく混ぜたところに卵白を加えます。この菓子に使う卵白はフレッシュなものを。**高温で焼くのは、すぐにパッと固まって欲しいから。そのためには、固まる力の強いフレッシュな卵白じゃなきゃだめです**。これを粉類と合わせて、木べらでよーく練り混ぜます。全体がなじんで、とろとろの状態になったら、焦がしバターを加えます。焦がしバターの温度は70℃くらい。この熱したバターで生地の中にある気泡を壊すので、生地は膨らまず、また独特のねっちりとした食感に仕上がります。

休ませずオーブンに直行！

でき上がった生地は休ませずにすぐ型に絞り、高温短時間で焼きます。

なお、糖分が多くてくっつきやすい生地なので、型にはたっぷりと、厚めに澄ましバターを塗ること。膨らまない生地なので、型の9分目まで生地を入れること。この2つが小さなコツでしょう。

時間がかからず、材料さえそろえば簡単に作れるので、「ガトー・デュ・テ」(お茶うけ)にちょうどいい菓子です。来客のある日などは、午前中に焼いておくといいと思います。

材料（長径約8.4cm16個分）

バター（食塩不使用）……150g

❁ タンプータン
┌ 粉糖……125g
└ アーモンドパウダー……125g

グラニュー糖……75g
薄力粉……50g
卵白……5個分

バター150gは焦がしバターにする。その工程で、澄ましバター大さじ1ほどを取り分け、でき上がった焦がしバターから100gを使います。卵白は凝固力の強いフレッシュなものを使います。

準備

- タンプータンの材料を合わせてふるう。
- 薄力粉をふるう。
- オーブンを220℃に予熱する。
- 焦がしバターを冷ますため、ボウルに氷水を入れる。

特に用意するもの

長径8.4cmのフィナンシェ型、小鍋、温度計、こし器（目が細かいもの）、刷毛、絞り袋、丸口金（口径10mm）、軍手、ケーキクーラー

オーブン

- 温度／220℃
- 焼き時間／15分

食べごろと保存

焼き上がってから1時間くらいして、粗熱が取れたころがいちばんおいしいです。保存は、乾燥剤とともに密閉容器や保存袋に入れて湿気を防ぎ、室温で3日。

フィナンシェの作り方

1　澄ましバターを作る。

冷蔵庫から出したバターを適当な大きさに切り分けて小鍋に入れ、泡立て器でかき混ぜながら中火にかける。バターが溶けて泡立ってきたら、泡をよけ、その下にある黄色く透き通った上澄み（澄ましバター）を大さじ1ほどすくって取り置く。

2　残りを焦がしバターにする。

1の鍋をさらに加熱し、絶えず混ぜ続ける。黄色い上澄みがカラメル色に変わったら、火から下ろす。すぐにこし器でこし、氷に当てて素早く粗熱を取る。この焦がしバターから100gを取り分ける。

3　型に澄ましバターを塗る。

型に1の温かい澄ましバターを刷毛でたっぷり塗る。

> フィナンシェの生地は糖分が多く、型からはがれにくいので、澄ましバターは厚く、たっぷりと塗ってください。角のところまでしっかり塗ります。

4　粉類を合わせる。

ボウルに準備したタンプータンとグラニュー糖、ふるった薄力粉を入れ、木べらでよく混ぜ合わせる。

5　卵白を加えて混ぜる。

4の中央をくぼませて卵白を一度に入れ、木べらで真ん中から外側に向かって徐々に円を描くように練り混ぜる。

> 粉類と卵白を徐々になじませながら、空気を入れないようにすり混ぜます。

6　混ぜ終わりの状態。

粉類と卵白がなじんだら、さらにしっかりすり混ぜて、全体がなめらかな状態になれば混ぜ終わり。

> 生地をつぶすような感じで混ぜてください。

7　焦がしバターを温める。

2の焦がしバターを70℃くらいに温め直す。

8　焦がしバターを加えて混ぜる。

7を6に加え、むらなく混ぜる。

> 熱めの焦がしバターを加えて"生地を殺し"ます。気泡をつぶす、ということです。これで焼いたときに生地が膨らまないようにします。

9　混ぜ終わりの状態。

ボウルの底にバターが残らないように注意しながら混ぜる。バターがなめらかに混ざり、すくうとぼったりとボウルに落ちるくらい粘りがでる。

10 生地を絞り袋に入れる。

絞り袋に丸口金をつけて、口金のすぐ上側の部分の袋を口金に押し込んで、生地が流れ出ないようにし、9の生地を入れる。

11 型に生地を絞り入れる。

3で準備した型の9分目まで生地を絞り入れる。

> 混ぜるだけの生地なので、休ませなくていいんです。焼いても膨らまないので、型いっぱいに絞って大丈夫ですよ。

12 220℃で焼く。

220℃に予熱したオーブンに入れ、15分焼く。

> 焼き上がりは裏を見てください。熱いけど軍手をして裏側をめくって見て、むらなく焼き色がついていればOK。焼いたときの底面が菓子の顔になります。

13 冷ます。

軍手をして型をオーブンから取り出し、作業台に2度ほどカタンと打ちつけてガスを抜く。型からはずして、ケーキクーラーの上に逆さにして並べ、冷ます。

CHECK

断面 外側はサクッと焼き上がり、中は油脂分が多くしっとりしている。

型は洗いません。

金属製の型は洗わないほうがいいです。水洗いして型の継ぎ目などに水分が残ると、腐食して型離れが悪くなる原因になります。付着した油分が次第に型になじみ、また腐食も防げるので、使った後は乾いた布巾やペーパータオルでよく拭くだけでいいですよ。隅などの細かい汚れは竹串などで取り除けばいいのです。うちの店では作業が終わった後の片付けで、1時間近くかけて型を拭き上げています。

　使うときはさっと拭いて、澄ましバターを塗ったり、粉をはたいたりなど、ルセット（レシピ）に従って準備してください。

焦がしバターをたっぷり加えて作る、しっとりキメ細かな生地。
さわやかなレモンの酸味がアクセントの、バターケーキ。

ウィークエンド

Week-end

卵の泡立てが生地の食感を決める。

20世紀半ばに、当時パリで流行していた、週末だけ田舎で過ごすライフスタイルに合わせて、日持ちがして、持ち運びに便利なように、と考えられたのが、この「週末」という名前の由来です。

　生地作りのポイントは、卵と砂糖をしっかり泡立てること。これでふわっと軽い食感に仕上がります。==すくい上げた生地がリボン状に落ち、その跡がゆっくり消える状態になるまで泡立て==ますが、ここまで泡立てるのは手では難しいですね。また、手だと泡が不規則になりますから、キメの細かい均一な気泡になりにくい。やはりここはハンドミキサーを使ったほうがいいですね。低速で全体をなじませたら高速にして、白っぽくボリュームが出るまで泡立てます。そうしたら最後にまた低速にして、大小まばらな気泡の大きさを細かくし、キメの整った均一な泡にしていきます。==気泡の状態をよく見ながら作ってみてください。==

　また、焦がしバターを使うことで、時間がたっても香りが持続します。だからこの菓子は、焼いたその日でなくても風味がいいのです。

仕上げにアプリコットジャムと糖衣をかけます。

焼き上がったケーキの仕上げに、上掛け用のアプリコットジャムと、さらに砂糖で作った上掛けのグラス・ア・ロ（糖衣）を塗ります。これらで==表面を覆うことで乾燥を防ぎ、日をおいても香りと味わいを持続させる狙いがあります。==

　食べるときは、できれば薄くカットして欲しいですね。「バター生地」と呼ばれるケーキの生地は、厚く切るとモコモコとしてのどの通りが良くありません。理想は1cm以下だね。そのくらいが、唇に触れたときにおいしさが感じられると思います。

材料（18×8×6.5cm 2台分）

- バター（食塩不使用）…… 250g
- グラニュー糖 …… 160g
- 卵 …… 4個
- レモン …… 1/2個
- 薄力粉 …… 160g
- アプリコットジャム（上掛け用）…… 150g

❊グラス・ア・ロ
- 粉糖 …… 150g
- 水（ミネラルウォーター）…… 35g

- ピスタチオ（飾り用）…… 適量

> バター250gは焦がしバターにします。その工程で、澄ましバター大さじ1ほどを取り分け、でき上がった焦がしバターから190gを使います。

準備
- 卵は室温に戻す。
- 薄力粉をふるう。
- ピスタチオをみじん切りにする。
- オーブンを160℃に予熱する。

特に用意するもの
18×8×6.5cmのパウンド型2個、小鍋、こし器（目が細かいもの）、おろし金、刷毛、ハンドミキサー、軍手、ケーキクーラー、ケーキナイフ（または包丁）、温度計

オーブン
- 温度／160℃
- 焼き時間／50分

食べごろと保存
できたてよりも、一晩おいて生地が落ちついてからのほうがおいしいです。乾燥しないようにラップで包み、室温で1週間くらい保存可能。

ウィークエンドの作り方

1 バターを火にかける。

冷蔵庫から出したバターを適当な大きさに切り分けて小鍋に入れ、泡立て器でかき混ぜながら中火にかける。バターが溶けて泡立ってきたら、泡をよけてその下にある黄色く透き通った上澄み（澄ましバター）を大さじ1ほどすくって取り置く。

2 残りを焦がしバターにする。

1の鍋をさらに絶えず混ぜ続けながら加熱する。黄色い上澄みがカラメル色に変わったら、火から下ろす。すぐにこし器でこし、氷にあてて粗熱を取る。この焦がしバターから190gを取り分ける。

3 レモンの皮と果汁を準備する。

レモンの皮の黄色い部分をおろし金ですりおろし、さらに果汁を搾って合わせる。

> 黄色い皮の部分だけを丁寧にすりおろします。白いわたは苦味があるので、注意。おろし金に残った皮は刷毛で落として使います。

4 型に澄ましバターを塗る。

型に1で取り分けた澄ましバターを刷毛で塗る。角の部分まで丁寧に塗る。

> 澄ましバターは温かいものを使います。さらさらとして薄く塗ることができます。

5 卵とグラニュー糖を低速で泡立てる。

ボウルに卵とグラニュー糖を入れ、ハンドミキサーの低速で泡立てる。

6 高速にして泡立てる。

卵がほぐれたら高速にして泡立てる。

> ボウルを傾けて、ハンドミキサーの羽根がすべて卵液に隠れるようにして泡立てます。ハンドミキサーは、ボウルの中をぐるぐるかき混ぜるように動かします。

7 再び低速で泡立てる。

だんだんモコモコとボリュームが出て、生地の色が黄色から白っぽくなったら、低速にして、さらに2〜3分泡立てて気泡を落ち着かせる。

> ここではハンドミキサーもゆっくりと動かして、気泡を均一に整えます。

8 泡立て終わり。

すくった生地がリボン状になって落ち、その跡がゆっくり消える状態になればよい。

9 レモンの皮と果汁を加える。

ゴムべらに持ち替え、ハンドミキサーの羽根に残った生地を丁寧にぬぐい取って生地に加え、3のレモンの皮と果汁を加える。

10 全体を混ぜ合わせる。

生地を底から返すようにし、混ぜ合わせる。

11 薄力粉を加えて混ぜる。

ふるった薄力粉をふり入れながら、ゴムべらで底からすくい上げては、返すようにして混ぜる。

> 手を止めずに手早く混ぜたいので、ここからは、材料を加える人と混ぜる人の2人で作業して欲しいです。

12 粉気がなくなるまで混ぜる。

粉を入れたら、片手でボウルを手前に回しながら、生地を底から返すようにして、粉気がなくなるまで混ぜる。

13 焦がしバターを加える。

2の焦がしバター190gを一度に加えながら、よく混ぜる。

> 焦がしバターは、冷めていれば少し火にかけ、温度を32℃くらいにします。

14 大きく混ぜる。

片手でボウルを手前に回しながら、ゴムべらでゆっくりと大きく混ぜる。

> 生地の量が増えて、混ぜるのに力がいるけれど、大きく丁寧に混ぜていきますよ。

15 生地のでき上がり。

バターと生地がしっかりなじむまで、50～60回混ぜる。きれいなつやのあるなめらかな生地になればよい。

16 生地を型に入れる。

準備した2台の型に、15の生地を等分に流し入れる。

> ウィークエンドの生地は、作業台に打ちつけて気泡を抜くようなことはしません。焼き上がった後、冷ましているうちにストンと沈んでしまいますよ。

17 160℃で焼く。

160℃に予熱したオーブンに入れ、50分焼く。

18 焼き上がりを確認。

むらなく焼き色がつき、軽く押して、押し戻る感じがあれば、焼けている目安。

> 焼き上がりを見るのは、焼けた色気と、触ってみるのがいちばん。

p.54に続く

ウィークエンドの作り方

19 逆さにして冷ます。

軍手をしてオーブンから取り出し、作業台に10cmくらいの高さから2回ほど落としてガスを抜く。型からはずし、ケーキクーラーの上に逆さにしてのせて冷ます。

> 型底の平らな面を上にして仕上げるので、逆さにしてください。

20 下側の形を整える。

19が冷めたら、ケーキナイフで下側の4辺の余分な生地などを切り落として、形を整える。

> 店では、美しくおしゃれに仕上げたいので20 21の作業を行います。ご家庭なら切らなくてもいいですよ。

21 上面の形を整える。

上面の4辺を、1.5cm幅くらいで斜めに切り落とす。

22 アプリコットジャムを煮詰める。

小鍋にアプリコットジャムを入れ、果肉など固形物があれば取り除き、水大さじ1を加えて弱火でとろみがつくまで煮詰める。

> これは乾燥を防ぐための上掛け。主役ではないけど、皆さんには、こういう副材料をちゃんと作って欲しいです。

23 アプリコットジャムを塗る。

22が熱いうちに、刷毛でケーキの上面と側面に薄く塗る。

> この作業をアプリコテ（➡p.55）と言います。

24 塗ったジャムを乾かす。

アプリコットジャムをまんべんなく塗ったら、触っても指につかないくらいまで乾かす。

> アプリコテすると、グラス・ア・ロが染み込まずに、きれいに塗れます。

25 グラス・ア・ロを作る。

ケーキにかける糖衣のグラス・ア・ロ（➡p.55）を作る。小鍋に粉糖と水を入れて混ぜ合わせ、弱火にかける。

26 人肌程度に温める。

木べらで焦げないように静かに混ぜながら、人肌程度（36〜37℃）に温める。

> シロップを、砂糖が再結晶化（糖化）する最低限の温度の人肌にすると、室温でも自然と白くなるようになります。この変化を利用したのがグラス・ア・ロです。

27 理想の濃度にする。

指ですくうと白くコーティングされ、しばらくすると透明になって下が透けて見えるのが理想。

> 温度が低いととどまらず流れてしまい、高いとすぐ透明になってしまいます。36〜37℃、この微妙な温度がポイントです。

28 グラス・ア・ロを塗る。

24の表面を触って、ジャムが指につかなくなったら、ケーキの上面と側面に刷毛で温かいグラス・ア・ロを塗る。

> 温かくないと塗りづらいので、冷めていたら人肌に温めてください。温めすぎたら冷めるまで待って使います。

29 ピスタチオを飾る。

みじん切りにしたピスタチオを上面中央に1列に飾る。そのまま室温に置いてグラス・ア・ロを乾かす。

お菓子がランクアップする最後の仕上げ。

この2つは、焼き菓子につやを出して、おいしさの演出をするだけでなく、風味をプラスし、さらに乾燥を防ぐ役割もあります。思った以上に作り方は難しくないので、ぜひ手作りしてください。

アブリコテ
abricoter

焼き菓子の表面にアプリコットジャムを塗る作業のことを「アブリコテ」と言います。

我々は自家製のアプリコットジャムにナパージュ・ヌートル（透明な上掛け用のゼリー）を合わせて煮詰めて作りますが、家庭ではアプリコットジャムだけでよいでしょう。

ポイントは煮詰め具合で、表面をコーティングするのが目的ですから、生地の上にのる固さにします。煮詰め方が甘いと、せっかく焼けた生地

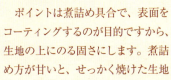

に染み込んでしまいます。裏ごしタイプのジャムを鍋に入れ、その1割程度の水を加えて沸騰させ、少し煮詰めます。作業台に1滴たらしてみて、だらりと流れず、膜ができれば目指す固さです。

グラス・ア・ロ
glace à l'eau

グラスは「糖衣」、ア・ロは「水の」の意。基本は粉糖に、その¼〜⅓の水を加えて、人肌程度（36〜37℃）に温めます。この温度が低いと塗っても固まらず、生地に染み込んだり、流れてしまいます。逆に、温度を高くしてしまうと、塗った衣がすぐ透明になり、塗り重ねづらくなります。

レシピに書かない お菓子作りの基本
［道具＆環境編］

道具は、水分や汚れをよく拭き取って。

道具に水分や汚れは禁物です。ボウルや泡立て器に水がついているだけで、卵白の泡立てが思った状態にならないこともありますので、注意してください。

また、使う道具類は、大きめのバットにまとめて置き、手に取れるところに用意を。これは作業をスムーズに進める基本でもあります。

キッチンスケールと温度計はありますか？

レシピの中には、1g単位で計量が必要な材料が出てきます。このバランスが壊れては、でき上がりが別のものになってしまうため、四捨五入してきりのよい数字にはしていません。そのためにも、1g単位で量れるデジタルタイプのキッチンスケールがあると、簡単に正確な計量ができます。材料だけの重量がはかれる風袋機能つきが便利。

さらに、何度作っても同じ状態・同じ条件で作るために、温度計があるとよいでしょう。温度は測りたいものの中心部で測ります。火にかけている途中の鍋底や、冷やしている最中のボウルの底に、温度計が当たらないように注意を。保護ケースつきの200℃計がおすすめです。

「クッキングペーパー」と「ロール紙」。

この本に出てくる紙について。スーパーなどでラップやアルミ箔と並んで売っているものは、主に表面がつるつるとした「クッキングペーパー」。これは天板などに菓子がこびりつかないように使用したりします。

「ロール紙」は、こびりつき防止などの加工がされていない薄紙で、この上で粉をふるったり、材料をのせて計量したり、またロールケーキの型に敷き込んだりします。製菓材料店で手に入ります。

鍋は銅製かステンレス製を選びます。

鍋の中で泡立て器を強くかき混ぜる場合、アルミ製品を使うと鍋と泡立て器がすれて生じた金属片で生地やクリームに色がついたり、金気が出たりするので、銅製またはステンレス製を使ってください。

「ふるう」「こす」は道具を使い分けます。

この本では、薄力粉などの粉類をふるう場合は目の細かいものを、アーモンドパウダーのように粒子の粗いものは少し粗い目のふるいを使っています。さらに、極細かい目でこしたい焦がしバターは裏ごし器を使っています。粉ふるいは、カップ型のものより口径の広いざる型や円筒形のものが作業性が良いです。ふるい、こし器に両用できる万能こし器、目が細かくサイズの小さい茶こしは、使い勝手がよく便利です。

ラップではなく、ポリ袋・ポリシート。

この本で紹介する生地のほとんどは、でき上がってから最低1時間は休ませます。この際、乾燥を防ぐために使うのがポリ袋。ラップだと、やわらかい生地はくっついてしまい扱いにくいのです。さらに、ポリ袋を切り開いたポリシートも使います。このポリシートに生地を挟んで上から麺棒でのばせば、打ち粉をほとんど使わずにのばせます。ポリ袋は厚手で大判のものを使ってください。

作業スペースの室温は何度ですか？

お菓子の材料やでき上がった生地、クリームなどは、温度にとても敏感です。バターは室温が上がると溶けやすくなり、クリームは扱いにくくなります。火を使う作業スペースであるキッチンは室温が上がりやすいので、暑い季節には冷房を入れ、暖房をしている時季はその暖房を切るなど、常に室温をチェックして、お菓子によい環境を整えてください。お菓子作りで使われる室温（常温）とは、18℃くらいを想定しています。

冷蔵庫にスペースがあるかチェック！

生地を休ませたり、でき上がった菓子を冷やしたりと、冷蔵庫をよく使います。前もって庫内を整理して、生地などを入れるのに十分なスペースを確保してください。

PART 2

作ってみたい。もっと知りたい
人気のお菓子

こんなお菓子が作れたらいいな、

もっとおいしく作るにはどうしたらいいんだろう、

そんな声にこたえたい。

生地とクリームを組み立てたり、

温度管理が必要な素材を使うお菓子を

ラインナップしました。

おいしい生地作りは泡立て方がポイント。
焼き上がったら、シロップを打って、しっとり仕上げます。

シャンティイ・フレーズ
Chantilly fraise

いちごをおいしく食べさせる生地。

シャンティイ・フレーズは、ジェノワーズ生地と呼ばれる、全卵を使った、いわゆるスポンジ生地を作ることから始まります。ただし、この生地は皆さんがスポンジ生地と聞いてイメージするふわふわした生地とは少し違います。食べてみるとわかると思いますが、==ほろっとした生地の粒感が残る、歯応えのあるしっかりとした生地です。==ここに、菓子の甘さの基本となるボーメ18℃のシロップ（→p.108）を打って（塗って）しっとりさせます。いちごをおいしく食べるなら、こういう生地のほうがいいと思います。

生地作りのポイントは、卵の泡立て方。白くもったりとしてきたら、==八分立てで混ぜる手を止めます。==もっと時間をかけて大きく泡立てる方法もありますが、僕はそこまでやりません。これで十分キメ細かく強い泡が立っているし、粉も混ざりやすいですよ。粉を加えるときは、少しずつふり入れてください。一度にドサッと加えると、ダマになってしまいます。この作業は1人では難しいので、2人で行うといいでしょう。

ボーメ18°のシロップを打つことで完成。

生地を焼くときは、ちょっと乾き気味かな、と思うくらいしっかり火を入れます。こうするとシロップが打ちやすい。できれば焼いてから1日おいたほうが、味もなじんできますね。

ここにシロップを打つことで、生地の味わい、そして風味が立ってきます。フルーツやクリームを挟んでも、生地のおいしさを楽しめる存在感が出るのです。なお、==このシロップは生地の気泡に通してあげる感覚で打つのがコツ。==あくまで菓子をおいしくするためのものですから、びしゃびしゃになるまで打つことはしませんよ。

材料（直径15cm 1台分）

◈ ジェノワーズ生地
- 卵 …… 2個
- グラニュー糖 …… 60g
- 薄力粉 …… 60g
- 牛乳 …… 5g
- 溶かしバター（→p.41） …… 10g

澄ましバター（→p.41） …… 適量
いちご（大粒） …… 25〜26個

◈ クレーム・シャンティイ
- 生クリーム（乳脂肪分47%） …… 500g
- グラニュー糖 …… 50g

◈ いちごシロップ
- いちごピュレ（裏ごししたもの） …… 50g
- ボーメ30°のシロップ（→p.108） …… 50g

◈ いちごクリーム
- いちごピュレ（裏ごししたもの） …… 80g
- クレーム・シャンティイ …… 150g

準備
- 薄力粉をふるう。
- いちごは洗って水気をふく。
- オーブンを170℃に予熱する。

特に用意するもの

直径15cmの丸型（底が抜けるタイプ）、ハンドミキサー、軍手、ケーキクーラー、ケーキナイフ、厚さ1cmのカットルーラー2本（または角棒など）、裏ごし器、カード、刷毛、回転台、パレットナイフ、コーム、絞り袋、星口金（口径12mm）

オーブン
- 温度／170℃　● 焼き時間／30分

食べごろと保存

できたてがいちばんおいしいです。その日のうちに食べ切るようにしてください。

シャンティイ・フレーズの作り方

1　型に澄ましバターを塗る。

型に指で薄く温かい澄ましバターを塗る。

曲線の型は指のほうが塗りやすいです。刷毛だと厚くつき過ぎてしまいます。紙を敷く方法もあるけれど、生地が焼き縮みするので、バターを塗って生地を直接入れるほうがいいと思いますよ。

2　卵とグラニュー糖を混ぜる。

ボウルに卵とグラニュー糖を入れ、ハンドミキサーの低速で卵をほぐす。

3　高速で泡立てる。

卵がほぐれたら高速に切り替え、白くもったりするまで泡立てる。

ボウルを傾けて、ハンドミキサーの羽根が卵液に隠れるようにして泡立てます。ハンドミキサーは、ボウルの中をぐるぐるとかき混ぜるように動かします。

4　低速にして1分ほど混ぜる。

白くもったりして、すくい上げるとつながって落ち、跡が少し積もって消える状態になったら、低速にして1分ほど泡立てる。

ここが大事です。低速に切り変えて、生地にできた大小不ぞろいの気泡を均一にし、キメを整えていきます。

5　泡立て終わり。

すくい上げると筋状にゆっくり落ちてこんもりと積もり、しばらく消えない状態。

キメはまだ少し粗いのですが、このくらいのほうが粉をさっと合わせることができます。

6　薄力粉を加えて混ぜる。

ゴムべらに持ち替え、準備した薄力粉をふり入れて生地を底から返すように混ぜる。

粉入れは2人でやってください。ドサッと一度に粉を加えるとダマになりやすいので、混ぜる手を休めず、少しずつ粉をふり入れるのが理想です。

7　牛乳を加えて混ぜる。

まだ少し粉気が残っている状態の生地に、牛乳を加えて同様に混ぜる。

粉を加えてからは、片手でボウルを手前に回しながら、ゴムべらで底から生地を返すように混ぜます。

8　溶かしバターを加えて混ぜる。

牛乳が混ざったら、室温の溶かしバターを加えて混ぜる。

ボウルの底に溶かしバターが残らないように混ぜます。

9　混ぜ終わりの状態。

粉気がなくなり、すべてがなめらかに混ざった状態。生地につやが出てくる。すくうと生地がリボン状に折り重なって落ち、少しの間消えない状態が混ぜ終わりの目安。

10 型に流し入れる。

9の生地を、準備した1の型に流し入れる。

生地に含ませた空気が生地を膨らませるのですから、作業台に型を打ちつけて、生地の中の空気を抜くようなことはしませんよ。

11 170℃で焼く。

170℃に予熱したオーブンに入れて、30分焼く。

12 焼き上がり。

オーブンを開けるとシュワシュワと小さな音がして、中央部分を触ると弾力があり、少し押すと戻ってくるようなら焼き上がり。

13 生地の様子を確認する。

全体にむらなく焼き色がつき、型と生地の間にわずかに隙間ができている。

すき間ができるくらい乾かし気味に焼いたほうが、シロップが打ちやすいです。焼き足りなければ、焼き時間を5分ほど延長します。

14 ショックを与え、型をはずす。

軍手をしてオーブンから出し、作業台にトンと2回ほど打ちつける。すぐに型から出し、ケーキクーラーにのせて冷ます。型底は、パレットナイフなどではがすとよい。

台に打ちつけるのは、底にたまったガスを抜くためです。

15 ジェノワーズ生地を切る。

ジェノワーズ生地がしっかり冷めたら、上下をカットルーラーで挟み、ケーキナイフで下から1枚ずつ切っていく。

16 3枚に切り分ける。

3枚に切り分け、いちばん上の焼き色がついた部分を薄く削ぎ落とす。

17 いちごを裏ごしする。

いちご10個は、ヘタを切り落として縦半分に切る。いちごを1片ずつ裏ごし器にのせ、カードで押しつぶすようにして裏ごしする。

18 ピュレのでき上がり。

なめらかないちごのピュレのでき上がり。計130g使うため、足りないようなら、いちごをさらに裏ごしする。

p.62に続く

シャンティイ・フレーズの作り方

19 クレーム・シャンティイを作る。

ボウルに生クリームとグラニュー糖を入れ、ボウルの底を氷水に当て、ハンドミキサーで、すくうととろとろと流れ落ちる状態（五分立て）まで泡立てる。

20 いちごシロップを作る。

18のいちごピュレから50g取り分け、シロップを加えてよく混ぜる。

50gのピュレに、ボーメ30°のシロップ50gを加えると、ボーメ18°になります。この甘さが菓子の甘さ。生地に打つシロップの基本です。

21 いちごクリームを作る。

別のボウルに19を150g取り、18のいちごのピュレ80gを加え、底を氷水に当てながら泡立てる。泡立て器ですくうと角ができ、角の先がふにゃりと曲がるくらいの八分立てにする。

22 生地の中に挟むいちごを切る。

いちご6〜7個のへたを切り落とし、縦に5mm厚さくらいの薄切りにする。

23 生地にシロップを染み込ませる。

回転台に16で切り分けたいちばん下の生地をのせ、20を刷毛で塗る。上面に縁から2cmあけて、軽くのせるようにして塗る。

こするように刷毛を動かすと生地が崩れるので、シロップを染み込ませるようにのせていきます。

24 いちごクリームを塗る。

21をゴムべらで適量すくい、シロップを塗った生地の上にのせる。

25 いちごクリームを塗り広げる。

パレットナイフに持ち替えて、シロップを塗った部分からはみ出ないように塗り広げる。

生地を重ねたときに、クリームがはみ出さないよう、縁をあけて塗ります。

26 いちごをのせてクリームを塗る。

22のいちごを、クリームの上に重ならないようにのせる。いちごが隠れるようにさらにクリームを塗って、表面をならす。

27 2枚目の生地にシロップを塗る。

2枚目の生地の裏面に、23と同様に縁から2cmあけてシロップを塗り、これを下にして26に重ねる。

重ねたら上から軽く押さえて、生地とクリームを密着させます。

28 生地の上面にもシロップを塗る。

27で重ねた生地の上面にも同様にシロップを塗る。

29 クリームを塗り、いちごをのせる。

縁から2cmほどあけてクリームを塗り広げ、26と同様にいちごをのせてクリームを塗る。

30 3枚目の生地を重ねる。

3枚目の生地の裏面にシロップを塗り、これを下にして29に重ねて上から軽く押さえ、上面にも同様にシロップを塗る。

31 側面を下塗りする。

19の残りのクリームを、泡立て器ですくうと角ができ、角の先がふにゃりと曲がるくらいの八分立てにする。パレットナイフで適量すくって30の側面に当て、回転台を回しながら薄く塗る。

32 上面を下塗りする。

ケーキの上面にクリームをのせ、回転台を回しながら塗り広げる。

33 全体にクリームをならす。

側面、上面とクリームを平らにならし、回転台に落ちたクリームをかき取る。作業中パレットナイフについた余分なクリームは、ひと塗りごとにボールの縁でぬぐう。

> これは下塗なので、生地が透けて見えていても大丈夫ですよ。

34 クリームをたっぷりのせる。

上面にクリームをのせる。このクリーム量で側面も塗るので、たっぷりのせる。

> ボウルの中のクリームがやわらかくなっていたら、軽く泡立て直して使います。

35 上面を平らに整える。

パレットナイフ全体を使って、上面が平らになるように回転台をゆっくり回しながら、クリームを側面に落とすようにして整える。

36 側面を整える。

側面は、パレットナイフを回転台に対して垂直にして当て、回転台を回しながら均一の厚さに塗る。

p.64に続く

シャンティイ・フレーズの作り方

37 台についたクリームをはらう。

ケーキの下部分に溜まった余分なクリームをはらうため、台とケーキの間にパレットナイフの先を少し差し込み、持ち手の方を少し斜めに上げ、回転台をゆっくり回して取り除く。

38 コームで縞模様をつける。

側面のクリームにコームを当てて手を止め、回転台をゆっくり回して縞模様をつける。

コームは、波線をつけられるデコレーション用の道具です。この飾りは必ず同じにしなくてもお好みでいいですよ。

39 角を出すように整える。

38で上にはみ出したクリームを、パレットナイフで外側から中央に向かってならし、ケーキの角がきれいに出るように整える。

40 上面に渦模様をつける。

上面のクリームにコームをあてて手を止め、ゆっくり回転台を回して渦模様を描く。

41 縁を整える。

コームを上面の縁にあて、ゆっくり回転台を回して横にはみ出したクリームをならす。

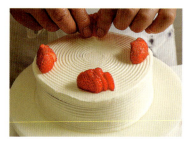

42 いちごを飾る。

いちご4個のへたを切り落とし、縦に5mm厚さくらいに切り、少しずらしてケーキの上面に飾る。

43 クリームを絞る。

絞り袋に星口金をつけ、口金のすぐ上側の部分の袋を口金に押し込んで、生地が流れ出ないようにする。クリームを入れて、いちごの間に「の」の字を描くように絞る。

44 いちごを飾って仕上げる。

いちご5個のへたを切り落とし、1個をケーキの中央に置く。残り4個を縦半分に切り、中央のいちごを囲むように置く。

CHECK

断面 しっとりとやわらかく、生地とシロップが一体化したおいしさが何よりの魅力。中にはいちごクリームがたっぷり。

レシピに書かない
お菓子作りの基本
［材料編］

タンプータンを用意しましょう。

タンプータンとは、アーモンドを同量のグラニュー糖と合わせて引きつぶし、粉末にしたもの。焼き菓子の生地に混ぜ込んで使うことで、アーモンドのコクと香りが加わります。ご家庭では、市販のアーモンドパウダーと粉糖を同量で合わせて代用できます。アーモンドパウダーは混ざり物のない100％アーモンドのものを使い、あれば粒子の粗いものを。

写真左／市販のアーモンドパウダー。粒子が細かい。右／シェフが使う自家製のタンプータンは粒子が粗く、ヴァニラが入っています。

バターは食塩不使用を使ってください。

バターには、1.5〜2％の塩分が入った加塩と、無塩があります。お菓子作りには、塩分の影響が出ない無塩（食塩不使用）バターを使うのが原則です。食塩不使用バターは酸化しやすいので、使う量を用意したら残りは密封して冷凍します。使うときは、冷蔵庫で自然解凍を。

グラニュー糖と粉糖の使い分けは？

お菓子に加える砂糖は、甘みや焼き色をつける、生地を膨らませるなどさまざまな効果を発揮しますが、どんな食感に仕上げるかで加える砂糖の種類が変わってきます。例えば、サブレやタルトに使うシュクレ生地は水分が少ないので砂糖が溶けにくく、グラニュー糖を使うと結晶が残りやすく、カリカリとした食感になります。これを粒子の細かいパウダー状の粉糖にすると、バターや卵などとなじみやすく、口溶けのよいキメ細かい食感になります。この食感の違いは塩も同様で、「フロマージュ・キュイ」（→p.76）のクランブルには、塩の結晶が感じられるフルール・ド・セルを加えています。なお、生地などに使う粉糖は、デコレーション用の溶けにくい粉糖（通称「泣かない粉糖」）は向きません。買うときに注意してください。

チョコレートはクーベルチュールを使います。

本書で使用するチョコレートは、すべて製菓用のクーベルチュール・チョコレートです。カカオ分（カカオマスとカカオバターを合わせた％数）の含有量で甘さや風味が異なるので、表記されているカカオ分の％を目安に選んでください。タブレット状のものが、刻まずに使えて便利です。

ヴァニラシュガーは自家製で作ります。

オーボン ヴュータンで使っているヴァニラシュガーは、機械でヴァニラと砂糖を一緒にすりつぶして作っているのですが、ご家庭では、一度使ったヴァニラを活用してください。軽く洗って乾かし、グラニュー糖の中に入れておきます。それだけでヴァニラの香りが移ります。ミルがあれば、グラニュー糖と乾燥させたヴァニラスティックを一緒にひくといいでしょう。

重曹とベーキングパウダーの違いは？

どちらも生地などに加える膨張剤です。ともに主成分は重曹で、加熱による化学反応で炭酸ガスを発生させて、生地を膨らませます。かつては重曹だけが膨張剤として使われていましたが、でき上がりに苦みが出たり、生地が黄色っぽくなったりしました。この欠点を改良したのが、ベーキングパウダーです。ベーキングパウダーは室温においても反応するので、古いものは膨らませる能力が落ちています。開封後は密封して、高温多湿を避けて冷暗所で保存し、できるだけ早く使い切りましょう。

高温で、さっと短時間で焼き上げる。
卵の香りが広がる、ふんわり食感の薄くしなやかな生地。

ロールケーキ

Rolle cake

巻きやすいよう、はちみつを加えます。

フランスには、オレンジの花の香りがする"プラ・ド・ヴェニュス"(ヴィーナスの腕)という、ロールケーキに似たような菓子はあります。でも、日本で作られているようなふわふわの生地を使ったものはないなぁ。僕も、店には出していませんが、ロールケーキは人気ですよね。

今回紹介するのは、東日本大震災の際に炊き出しのために作ったルセット(レシピ)。店で生地を何百枚も焼いて被災地に持っていき、現地のおばあちゃんたちと一緒に巻いたんです。

ロールケーキですから、巻くときに割れてしまってはいけません。そのためにこの生地には、はちみつを加えます。はちみつがなければ、水あめでもいいですよ。はちみつは、生地の保湿性を高めてくれるので、**しっとりとした、しなやかで割れにくいでき上がりになります。**だから、とても巻きやすいですよ。

生地のでき上がりの目安はつや。素早く混ぜて。

卵は白くもったりするまで泡立てます。**粉を加えたら手早く混ぜてつやを出します。混ぜすぎると目の細かい固い生地になっちゃいますよ。**

でき上がった生地は、ロール紙を敷いた天板にすぐ流し、短時間で焼き上げます。時間をかけて焼くと、乾燥して固くなります。上面に焼き色がつき、表面が乾いて、押すとシュッと音がすれば焼き上がりです。

生クリームでクレーム・シャンティイを作って生地に塗り広げ、紙を持ち上げてくるっと巻けば、完成です。**巻くときは、生地がつぶれてしまうので強く押さないこと。**詰めるフルーツは好みのものでどうぞ。

材料(長さ約20cm1本分)

◎生地
- 卵 …… 125g(約2個強)
- グラニュー糖 …… 65g
- はちみつ …… 9g
- 水 …… 3g
- 薄力粉 …… 38g

◎クレーム・シャンティイ
- 生クリーム(乳脂肪分47%) …… 120g
- グラニュー糖 …… 10g

いちご …… 2〜3個
ブルーベリー …… 9〜10個
フランボワーズ …… 4〜5個
ブラックベリー …… 3〜4個

準備

- 薄力粉をふるう。
- はちみつと水を混ぜ合わせる。
- オーブンを240℃に予熱する。

特に用意するもの

約21×25cmの天板、ロール紙(→ p.56)、ハンドミキサー、カード、軍手、ケーキクーラー、パレットナイフ、ケーキナイフ(または包丁)

オーブン

- 温度／240℃
- 焼き時間／9分

食べごろと保存

できたてがいちばんおいしいです。保存は冷蔵庫で翌日まで。

> ロールケーキの作り方

1　天板にロール紙を敷く。

ロール紙を天板の内寸に2cmくらいの立ち上がり分を加えて切る。天板に切った紙を敷き込んで折り線をつけ、四隅から底面の角に向かって斜めに切り込みを入れる。この三角の部分を内側に折り込むようにして天板に敷く。

2　卵とグラニュー糖を混ぜる。

ボウルに卵とグラニュー糖を入れ、ハンドミキサーの低速で混ぜる。卵がほぐれたら高速に変え、ハンドミキサーをボウルの中でぐるぐると動かしながら泡立てる。

3　白くもったりするまで泡立てる。

5分ほどして、白くもったりとした状態になったら中速にし、さらに泡立てる。すくい上げると筋状にゆっくり落ちて、こんもりと積もり、しばらく消えない状態になるまで泡立てる。

4　はちみつと水を加えて混ぜる。

ゴムべらに持ち替え、はちみつと水を加え、底から返すようにして混ぜる。

> はちみつを入れるのは保湿性を保つためです。水あめを使ってもいいですよ。水は生地に少し水分を足してのびをよくするために加えます。

5　薄力粉を加えて混ぜる。

ふるった薄力粉をふり入れながら、粉気がなくなるまで混ぜる。これで生地はでき上がり。

> この作業は粉を入れる人、混ぜる人の2人で行うといいですよ。

6　生地を型に流し入れる。

用意した**1**の型に**5**を流し入れ、カードで四隅まできっちり生地をのばし、表面を平らにならす。

7　240℃で焼く。

240℃に予熱したオーブンに入れ、9分焼く。軍手をして天板から出し、敷き紙ごとケーキクーラーにのせて冷ます。

> 焼き上がりは全面に焼き色がつき、表面が乾いて、軽く指で押すとシュッと小さな音がします。

8　クレーム・シャンティイを作る。

ボウルに生クリームとグラニュー糖を入れて底を氷水に当て、泡立て器ですくうとクリームが落ちず、角がぴんと立っている状態（九分立て）にする。

> 生クリームと砂糖を泡立てたものを、クレーム・シャンティイと言います。

9　ロール紙を生地からはがす。

7が完全に冷めたら、平らな板などに生地をのせてひっくり返し、生地からロール紙をゆっくりはがす。このロール紙の上にはがした面を上にして生地を置く。

10 クレーム・シャンティイを塗る。

生地の中央に8をのせ、パレットナイフを左右に動かして全体に均一に塗り広げる。

11 いちごをのせる。

いちごはへたを切り落として縦2〜3等分に切り、生地の手前から2cmほどあけて1列に並べる。

> 巻き始める際に手前の生地を持ち上げるので、その2cm程度をあけて、ベリー類を並べます。

12 他のベリー類を並べる。

フランボワーズは手で半分に割り、ブルーベリー、ブラックベリーはそのままで、いちごに沿わせてライン状に並べる。

13 巻く。

ロール紙ごと手前の生地を持ち上げ、ベリー類を芯にしてひと巻きする。

> 巻き始めは、ベリー類を押さえながら、ベリー類を巻き込むようにきつめに巻きますよ。

14 最後まで巻く。

そのままロール紙を奥に向かってゆっくり押すようにしながら、ひと巻きした生地を芯にして最後まで巻ききる。

> 急ぐ作業ではないので、ゆっくりで大丈夫です。端からベリーやクリームがはみ出しても気にせずに巻きます。

15 形を整えて、休ませる。

巻き終わりを下にして全体をロール紙で包み、形を整える。ロール紙に包んだまま、冷蔵庫で30分ほど休ませる。

> 最後は手で全体を軽く押さえて、少し巻きを締めます。端にはみ出たクリームは、パレットナイフで中に入れます。

16 両端を切り落とす。

盛りつける前に、ケーキナイフで両端を切り落として形を整える。

Chef's voice

本当はね、菓子作りは2人でやったほうがいいんですよ。粉をふり入れながら混ぜるのなんて、1人だと難しいでしょ。分担すれば作業中に材料を混ぜる手を止めることもないし、2つの作業を同時に行って合わせるということもできます。ひいてはおいしくできる確率が高くなりますよ。

CHECK

断面 しっとりふわりとした食感。切る場所によってフルーツの表情が違うのが面白い。

菓子屋の哲学がわかる菓子。シュー生地は、乾かすように焼く。
シュー・パリゴー
Chou Parigot

目指すのは、ポターッと落ちる生地。

「パリゴー」とはパリ野郎の意。パリッと乾いたシュー生地とアーモンドのカリカリとした歯応えが香ばしく、ヴァニラの風味が効いたクレーム・パティシエール（カスタードクリーム）とのバランスもよい、その名にふさわしい菓子になっています。

シュー生地は、粉にしっかり火を通してから卵を加えて作ります。この卵の加減が慣れないと難しいと思います。卵の分量はありますが、粉の火入れ加減で多少変わってきます。その目安は生地の切れ。**持ち上げた生地が一度ポタッと落ちて、あとを追うように次の生地がゆっくりポターッと落ちるくらいの固さ。この固さになれば、オーブンの中でちゃんと膨らみます。**

また、シュー生地はクリームをたっぷり詰めるので湿気やすい。だから乾かすように焼いて欲しいです。温度は200℃。高温でまず膨らむところまで膨らませ、次の段階で180℃に温度を下げて乾かします。しっかり焼けば、クリームを詰めて置いても湿気るようなことはありませんよ。

クリームは元のやわらかさに戻す。

シュークリームのおいしさは、中に詰めるクレーム・パティシエールも重要です。菓子屋の命とも言われるこのクリーム、**僕は一晩冷蔵庫で寝かせて、味をなじませてからでないと使いません。**冷蔵庫から出したクリームはカチカチになっています。これを元のなめらかな状態に戻すため、木べらでどんどん混ぜます。これがかなりの重労働ですが、作りたてそのままと、中途半端に戻したもの、そしてしっかり混ぜたものでは、味わいはまったく違います。混ぜる前と混ぜた後を食べ比べてみてください。混ぜる前のクリームは甘みを強く感じるのですが、しっかり混ぜた後は、甘みがまろやかになり、さらにコクみがたっているはずです。**これが、うちの店のシュークリームがおいしい秘訣。**店では作る量がもっと多いので、もっとおいしいですよ。

材料（直径4〜5cm 12個分）

◻ クレーム・パティシエール
（12個分。作れる最少限量）
- 牛乳 …… 250g
- 卵黄 …… 3個
- グラニュー糖 …… 62g
- 強力粉 …… 25g
- バター（食塩不使用）…… 25g
- ヴァニラスティック …… 1/4本

◻ シュー生地（約20個分）
- A
  - 水 …… 50g
  - 牛乳 …… 50g
  - バター（食塩不使用）…… 45g
  - 塩 …… 2g
  - グラニュー糖 …… 2g
- 薄力粉 …… 60g
- 卵 …… 80g（約1 1/3個）

塗り卵（全卵）…… 適量
アーモンドダイス …… 適量

準備

◻ クレーム・パティシエール
- 強力粉をふるう。

◻ シュー生地
- 天板にオーブンシート（またはクッキングペーパー）を敷く。
- 薄力粉をふるう。
- 卵を室温に戻し、溶きほぐす。
- オーブンを200℃に予熱する。

特に用意するもの

片手鍋（直径16cmくらいの深めの鍋。銅製またはステンレス製）、バット、木べら、温度計、オーブンシート（またはクッキングペーパー）、絞り袋、丸口金（口径12mm）、刷毛、フォーク、軍手、ケーキクーラー、箸、カード

オーブン

- 200℃で25分＋180℃で6分

食べごろと保存

できたてがいちばんおいしいです。時間が経つとシュー生地が湿気り、クリームの風味も落ちるので、その日の内に食べ切ってください。生地は冷凍保存可能。手順28の状態で冷凍し、固まったら密閉袋に入れ、3か月ほど冷凍保存可能。

| シュー・バリゴーの作り方 |

1　クレーム・パティシエールを作る。

片手鍋に牛乳を入れ、ヴァニラスティックを縦に切り開いて種をしごき出し、さやと一緒に加えて、弱火にかける。

2　卵黄とグラニュー糖を混ぜる。

ボウルに卵黄を入れて泡立て器でほぐし、グラニュー糖を加えて、白くもったりするまでしっかりすり混ぜる。

> 白っぽくならないうちは、絶対に卵黄と砂糖が混ざっていません。白くなることが大切です。

3　強力粉を加えて混ぜる。

2にふるった強力粉を加え、粉気がなくなるまですり混ぜる。

> ダマができないように、中央から粉を少しずつ崩す感じですり混ぜていきます。

4　牛乳を加える。

1を沸騰させてヴァニラのさやを取り除き、3に約1/3量を入れて混ぜ合わせる。

> ヴァニラのさやは取っちゃいます。一緒に入れておくと、邪魔になりますから。取り除いたさやは、ヴァニラシュガー(→p.65)などに使ってください。

5　鍋に戻して強火にかける。

牛乳となじませた4の生地を鍋に戻して混ぜ合わせ、強火にかける。

> あらかじめ温かい牛乳の一部と合わせて生地の温度を上げておくことで、卵黄と粉に素早く火が入り、ダマもできにくくなります。

6　かき混ぜながら火を通す。

泡立て器を立てて握り、鍋底に押し当てるようにして、絶えずかき混ぜながら炊く。

> しばらくすると卵に火が入ってグッと生地が締まり、混ぜる手が重くなってきます。焦げるのはこの時。手を止めず、しっかり混ぜ続けます。

7　粉に火を通す。

さらに混ぜながら火を入れる。つやが出て全体がクツクツと沸き、すくうとタラーッと流れ落ちるようになれば炊き上がり。

> 粉に火が入るとコシが抜けてやわらかくなります。これが材料すべてに火が入ったサインです。

8　バターを加える。

バターを加え、手早く混ぜ合わせる。

> バターで味の調整と風味づけをします。加えたら、温かい生地でゆっくり溶かすのではなく、冷たい塊を一気に生地に混ぜ合わせるようにします。

9　冷蔵庫で一晩休ませる。

バットに移し、表面をぴったりラップで覆い、手のひらで押さえて密着させる。粗熱を取り、冷蔵庫に入れて一晩休ませる。

> 表面を覆って乾燥を防ぎます。粉糖をふったりバターを塗る方法もありますが、僕はラップが簡単でいいと思います。

当日

10 シュー生地を作る。

片手鍋に🅐を入れて強火にかける。木べらで混ぜながらバターを溶かし、沸騰したら火から下ろす。

> しっかり沸騰させ、バターがちゃんと溶けていることを確認してください。

11 薄力粉を加えて混ぜる。

ふるった薄力粉を一度に加え、ダマができないように木べらで手早くかき混ぜる。

12 粉気がなくなるまで混ぜる。

11を粉気がなくなるまで一気に練り混ぜる。

> 粉に水分を行き渡らせるように混ぜていきます。

13 火にかけて、混ぜる。

全体がなめらかにつながってきたら再び強火にかけ、木べらで鍋底をこそげるように力強く混ぜていく。

14 水分をとばす。

生地がひとつにまとまって鍋肌から離れるようになったら火から下ろし、鍋底に生地を広げるように混ぜて水分をとばす。

> つながった生地を、乾かすことが必要です。水分をとばし過ぎても固くなっちゃうので、ほどほどがいいです。

15 ボウルに移して粗熱を取る。

14をボウルに移し、熱を取るように軽く練りながら45℃くらいまで冷ます。

> 次に卵を加えますが、卵は60℃くらいから固まり始めます。鍋も生地も熱いと固まってしまうので、容器を変えて粗熱を取りますよ。

16 卵を加える。

溶きほぐした卵を3〜4回に分けて加え、そのつど、生地と卵がなじむまでしっかり混ぜる。

> 卵を入れ終わったときの生地の温度が30℃くらいになるように、混ぜながら冷ましていきます。

17 理想の固さにする。

加える溶き卵の量は、生地の固さを確認しながら調整する。つやが出て、木べらですくって傾けるとポタッと落ち（写真左）、あとを追うように次の生地がゆっくりポターッと落ちる（写真右）状態にする。

p.74に続く

シュー・パリゴーの作り方

18 シュー生地の完成。

ちょうどよい固さになったら、生地のでき上がり。卵は残っても加えない。また分量の卵を混ぜ終えても固ければ、全卵を溶いて加える。

> 14の生地の乾かし具合によって、加える卵の量は微妙に変わります。

19 生地を直径4cmに絞る。

絞り袋に丸口金をつけて生地を入れ、用意した天板に間をあけて直径4cmに絞る。絞り袋を天板から1cmほど浮かせ、垂直に立てて直径4cmになるまで絞る。絞り終わりは、口金の先で「の」の字を書くようにひねってからスッと持ち上げ、生地をきるとよい。

20 天板2枚に分けて絞る。

写真の天板(35×25cm)には12個が適量。天板2枚に分けて絞る。

21 卵を塗る。

絞った生地の表面に、塗り卵を刷毛で塗る。

★ このときの生地の様子。

表面に絞り終わりのとがった部分が残っている。

> このまま焼くと、焼いている間に膨らみが右に行ったり左に行ったりして、丸くきれいに焼けませんよ。

22 フォークで押さえる。

塗り卵をつけたフォークの背で、生地の上を格子状に押さえる。

> 絞り出した生地の凹凸は、フォークで軽く押さえてやることでだいたい解消できます。また、格子状に押さえると膨らんだ生地の割れ目が均一になります。

23 アーモンドダイスをつける。

生地の上にアーモンドダイスをたっぷりのせ、天板をふって全体に付着させる。余分なアーモンドは別の容器にあける。

> 数が多いようなら、この段階で冷凍するのがおすすめ。食べたいときに、凍ったまま天板に並べて焼けばいいんです。

24 200℃で25分、180℃で6分焼く。

200℃に予熱したオーブンで25分焼き、設定温度を180℃に下げて6分焼く。

> 膨らもうとしてるのにオーブンを開けちゃダメ。生地中の水分が蒸気となって中から生地を押し上げてます。庫内温度が下がった途端ストンと落ちます。

25 焼き上がり。

表面の割れ目の溝にもしっかり焼き色がついていれば焼き上がり。軍手をして取り出し、ケーキクーラーにのせて冷ます。

> 焼き上がるまでずっと200℃ではアーモンドが焦げるので、生地がしっかり膨らんだら温度を下げ、焼き固めましょう。

26 クリームを混ぜ戻す。

9を冷蔵庫から出してボウルに入れ、木べらでしっかり混ぜる。最初は弾力のあるクリームが、だんだんやわらかくなめらかになるが、手を止めずに混ぜ続ける。

> この作業、かなり力がいるんです。結構大変です。

27 でき上がりの状態。

つやが出て、すくうとたらたらと細く垂れるやわらかさになるまでしっかり混ぜ戻す。この状態になるまで5分ほどかかる。

> これくらいつやとなめらかさが出るまで混ぜると、コクが出てぐっとうまみが増しますよ。

28 シューの底に穴を開ける。

シューの底に、箸（写真は製菓道具のコルネ）などを使って直径1cmの穴を開ける。

29 絞り袋にクリームを入れる。

絞り袋に丸口金をつけ、口金のすぐ上側の部分の袋を口金に押し込んで、クリームが流れ出ないようにしたら、27をカードなどですくって入れる。

30 シューにクリームを詰める。

クリームを28の穴から絞り入れる。穴から溢れるくらい目いっぱい詰める。

31 すぐに底を下にして置く。

クリームを絞り入れたら、すぐに底を下にして置く。

> 穴を上にして置いておくと、シューの頭が湿気って、口に入れたときに、パリッとした食感がなくなります。

Chef's voice

うちの店で使っているヴァニラスティックは、どちらかというとやわらかいヴァニラなので、手順1では風味も出やすいです。でも皆さんが買うものは、かなり乾燥してカラカラの状態のものもあると思いますので、やわらかくなるまで牛乳に入れてから火にかけるといいと思います。そうすれば、もっと風味が出てきますからね。

シュー生地が膨らむ理由。

シュー生地は他の焼き菓子と比べて水分が多い配合です。この水分が焼いている間に水蒸気となって、生地を大きく膨らませ、空洞を作ります。クリームがたっぷり入る、広く大きな空洞を作るには、ゴム風船のようによくのびて、やわらかく、粘りのある生地を作ることがポイントになります。そのために、小麦粉を沸騰した液体に入れたり、加熱してから卵を加えるなど、生地作りの段階で火を通す、という、特徴的な作り方をします。

こってり濃厚なチーズを味わうケーキ。
卵白のメレンゲで適度な軽さを出します。

フロマージュ・キュイ

Fromage cuit

クリームチーズは、手でやわらかくします。

クリームチーズのこってりとしたおいしさを味わえる、ベイクドチーズケーキです。湯せん焼き（→p.91）をするので、クリームチーズ生地の目がみっしりと詰まり、ねっとりとした独特の食感に仕上がります。

　このケーキを作るときは、**手でクリームチーズをもんでいきます**。クリームチーズは粘土のように固いので、なかなかやわらかくなりません。だから、手でほぐしていくのがいちばん。手の熱を利用しながら、塊をつかんではもむ、を繰り返すうちに、やわらかくほぐれます。**手も大事な道具ですよ**。僕はフランスの「キリ」のクリームチーズを使っています。これがコクがあっていちばんおいしいと思う。普通のスーパーなどでも手に入りますよ。

土台にはサクサクのクランブル生地。
塩の結晶が感じられるほうがおいしい。

土台としてクランブル生地を焼き、それを細かく刻んだものを敷き詰めました。バターと砂糖、粉、塩を混ぜ合わせるだけで卵が入らないので、カリカリした食感になります。塩が少しだけ舌に感じられるほうがおいしいと思うので、粒子の大きいフランスの塩、フルール・ド・セルを加えています。

　店ではビスキュイ・オ・ザマンド（アーモンド入りスポンジ生地）を敷いていますが、コーンフレークやクラッカーを砕いたものでもいいし、余ったジェノワーズ生地（→p.58）でもいい。ただこれは単なる土台ではなくて、**菓子のパーツとして欠かせない、チーズの味わいを膨らませてくれる存在です**。また、このパーツがないと型から抜けませんからね。クランブルだけ食べてもおいしいので、手間と思わずに、ぜひ作ってみてください。

材料（直径15cm1台分）

- クリームチーズ …… 200g
- バター（食塩不使用）…… 58g
- 牛乳 …… 29g
- グラニュー糖① …… 29g
- 卵黄 …… 32g（約1個½）
- 生クリーム（乳脂肪分47%）…… 42g
- 卵白 …… 48g（約1½個分）
- グラニュー糖② …… 12g
- コーンスターチ …… 8g

❂クランブル生地（2台分。半量使う）
- バター（食塩不使用）…… 100g
- グラニュー糖 …… 100g
- 薄力粉 …… 100g
- フルール・ド・セル …… 2g

> クリームチーズは、フランスの「キリ」を使用。フルール・ド・セルは、「塩の花」と呼ばれる結晶化した塩です。なければ粗塩を。

準備
- オーブンを180℃に予熱する。
- 湯せん焼き用に35℃の湯を用意する。
- 薄力粉をふるう。

特に用意するもの
直径15cmの丸型（底が抜けないタイプ）、ポリ袋（厚手で大判のもの）、麺棒、パレットナイフ、ハンドミキサー、バット、ケーキクーラー

オーブン
❂クランブル生地
- 温度／180℃　● 焼き時間／18分

❂本体（湯せん焼き）
- 170℃で30分＋150℃で20分

食べごろと保存
1日おいて味が落ち着いたころが食べごろです。保存するなら真夏以外は、室温に置いて2日ほど。

フロマージュ・キュイの作り方

1　クランブル生地を作る。

ボウルに冷たいバターを入れ、手で握りつぶすようにして細かくする。砂糖を加えてなじませ、薄力粉、塩の順に加えてそのつど同様に混ぜる。ひとつにまとめてポリ袋で包み、冷蔵庫で1時間以上休ませる。

> バターの塊が残っても気にしない。

2　麺棒でのばす。

1の半量をとって麺棒で丸くのばす。直径15cmくらいの大きさになればよい。

> 1台分に半量だけ使います。残りの半量は、冷凍保存できますよ。焼いちゃってそのまま食べてもおいしいです。

3　180℃で焼く。

のばした生地を天板の中央にのせ、180℃に予熱したオーブンに入れて、18分焼く。

> 焼くと広がるので、天板の中央に置いてください。

4　細かく刻む。

全体にこんがりと色がついたら焼き上がりの目安。オーブンから出して、粗熱が取れたらパレットナイフで約1cm角になるように縦横に刻む。

> よく焼けているので、パレットナイフで押すだけでカリカリと割れていきます。

5　クランブルを型の底に敷く。

刻んだ4を型の底に入れ、まんべんなく均一になるように敷き詰める。隙間がないようにする。オーブン庫内の底面に、ケーキクーラーなどバットをのせられる台を置き、170℃に予熱する。

6　チーズ生地を作る。

ボウルに冷たいクリームチーズと冷たいバターを入れ、手で握りつぶすように混ぜて大きな塊がないペースト状にする。

> 手で混ぜますが、いつまでも練ると分離して、舌触りの悪い生地になります。少し固めの状態で混ぜ終わりです。

7　牛乳を加えて混ぜる。

牛乳を少しずつ加えて、手で混ぜ合わせる。

8　グラニュー糖を加えて混ぜる。

グラニュー糖①を加え、泡立て器に持ち替え、立てるように握って力強く混ぜ合わせる。

9　卵黄を加えて混ぜる。

卵黄を加えて、同様に力強く混ぜ合わせる。

10 生クリームを泡立てる。

別のボウルに生クリームを入れ、ハンドミキサーの低速で泡立て、すくうとわずかにとろっとする状態にする。

11 9に生クリームを混ぜる。

9に10を加え、泡立て器で軽く混ぜる。生クリームがなじめばいい。

12 メレンゲを作る。

別のきれいなボウルに卵白を入れ、ハンドミキサーの低速で軽くほぐす。グラニュー糖②とコーンスターチを合わせて加え、しっかりとした角が立つまで泡立てる。

> コーンスターチを加えると、キメ細かくつぶれにくいメレンゲになります。

13 メレンゲを加えて混ぜる。

11に12を一度に加え、泡立て器で混ぜ合わせる。混ぜ終わりはふんわりし、リボン状になってゆっくり落ちる状態。

> メレンゲの白い筋が見えなくなってきたら混ぜ終わりです。

14 型に流し入れる。

バットの中央に5の型を置いて13を流し入れる。湯せん焼き用に用意した湯（35℃）を、型の高さの⅓くらいまで注ぎ入れる。

15 湯せん焼きにする。

予熱したオーブンに置いたケーキクーラーの上に14のバットをのせ、170℃で30分、150℃に下げて20分湯せん焼きにする。

> ご家庭で湯せん焼きにできるよう、この方法を考えました。天板の上に湯を入れたココットを置いてもいいでしょう。

16 焼き上がり。

表面に焼き色がつき、触ってみて弾力があれば焼き上がり。

> 150℃で焼いている最中に表面が割れてきたら、温度を20℃下げて残りの時間焼いてください。

17 型からはずす。

軍手をしてオーブンから出し、そのまま粗熱を取る。型の内側をパレットナイフでなぞり、生地の上に手をおいて、そのまま型をそっとひっくり返してケーキを出す。器などにのせて冷ます。

CHECK

断面 湯せん焼きした、しっとりとやわらかくキメ細かい生地。土台にはしっかり焼いてザクザクとした食感のクランブル。

クリーミーでこくのあるレアチーズケーキ。
フロマージュ・クリュ
Fromage cru

クリュには「生の」という意味があります。この菓子は、生のチーズ、いわゆる日本のレアチーズケーキのことです。フランスではこのタイプのチーズケーキはないので、僕なりに考えたもの。クリーミーでコクのあるチーズクリームに、サクサクとしたシュクレ生地を組み合わせました。
　冷やし固めるのは板ゼラチンを使いますが、戻す際に溶けてしまわないように氷水に浸けてください。夏は、さらに冷蔵庫に入れておくといいでしょう。そうやって戻したゼラチンは、白ワインに浸します。==一般的にはレモンの酸味を加えますが、僕は白ワインの酸味のほうがおいしいと思います。==なお、菓子を冷蔵庫に入れるのは基本的に好きじゃないけれど、この菓子は冷やしてから味わってくださいね。

材料(直径15cm1台分)

クリームチーズ …… 250 g
牛乳 …… 72 g
グラニュー糖 …… 90 g
┌ 板ゼラチン …… 10 g
└ 白ワイン …… 100 g
生クリーム(乳脂肪分47%)
　　…… 200 g

◎シュクレ生地(2台分。半量を使う)
┌ バター(食塩不使用) …… 120 g
│ 粉糖 …… 80 g
│ 卵黄 …… 32 g(約1½個)
│ 牛乳 …… 12 g
│ 薄力粉 …… 200 g
│ 手粉、打ち粉(ともに強力粉)
└ 　　…… 各適量

◎上掛け用クリーム
┌ 生クリーム(乳脂肪分47%)
│ 　　…… 300 g
└ グラニュー糖 …… 40 g

> クリームチーズはフランスのクリームチーズ「キリ」を使用。白ワインは酸味のあるものを。

準備
- 板ゼラチンを氷水に浸け戻し、水気をよく拭き取る。白ワインとともに小鍋に入れ火にかけるか、耐熱容器に入れて電子レンジで様子を見ながら数秒ずつ加熱してゼラチンを溶かす。
- 冷蔵庫に冷やすスペースを空ける。
- オーブンを180℃に予熱する

特に用意するもの
直径15cmのセルクル、ハンドミキサー、ポリ袋(厚手で大判)、麺棒、軍手、ケーキクーラー、セルクル敷板(または皿)、温度計、固く絞ったぬれ布巾、回転台、パレットナイフ、クッキングペーパー

オーブン
- 温度／180℃　● 焼き時間／18分

食べごろと保存
でき上がった当日がいちばんおいしい。シュクレ生地の残った半量はラップに包んで冷凍するといいでしょう。3か月は保存可能。作るときは生地を冷蔵庫で解凍し、麺棒でのばせるやわらかさになったら、同様にのばして焼きます。

1　シュクレ生地を作る。

p.18の手順1〜8を参照してシュクレ生地を作り、冷蔵庫で1時間以上休ませる。

2　シュクレ生地をのばす。

生地を2等分し、一方を麺棒でセルクルの大きさよりも少し大きめにのばす。

> 1台に使うのは半量。残りはラップに包んで冷凍庫に保存するといいですよ。3か月くらいは大丈夫。使うときは、冷蔵庫に移して解凍します。

3　シュクレ生地をセルクルで抜く。

2を天板に乗せ、セルクルで抜く。

4　180℃で18分焼く。

セルクルで抜いた後の余分な生地は取り除き、180℃に予熱したオーブンで18分焼く。

> 余分な生地は残りの半量と合わせて冷凍保存します。

5　焼き上がり。

全体に焼き色がついていれば焼き上がり。軍手をして天板を取り出し、そのまま粗熱が取れるまでおく。ケーキクーラーに移して冷ます。

6　焼いたシュクレ生地を型で抜く。

生地は焼くと少し広がるので、再度セルクルで5のシュクレ生地を抜き、セルクルをそのままはめておく。余分な生地は取り除く。

p.82に続く

フロマージュ・クリュの作り方

7 シュクレ生地の下に板を敷く。

セルクルとシュクレ生地の下に、セルクル敷板や皿などを敷く。こうすると**15**の作業がしやすい。

8 クリームチーズを手でもむ。

耐熱のボウルに冷蔵庫から出したてのクリームチーズを入れ、手で練るようにもんでやわらかくする。

> 手の熱で早くやわらかくできるので、ここは手を直接使って少しずつやわらかくしていきます。

9 牛乳を加えて混ぜる。

牛乳を2〜3回に分けて加え、そのつど手でほぐすように混ぜ合わせる。クリームチーズの大きな塊がなくなり、とろとろになればよい。

10 生地を温める。

泡立て器で混ぜながら、**9**の底をコンロの火に軽く当て、20℃くらいまで温める。

> 砂糖が溶けやすいように、またこの後加えるゼラチンが混ざりやすいように生地を少し温めます。湯せんや電子レンジで温めてもいいです。

11 グラニュー糖を加えて混ぜる。

10にグラニュー糖を入れ、泡立て器を立てるように握って、丁寧に混ぜ合わせる。

> ゼラチンは20℃くらいから固まり始めるので、生地の温度が20℃以下になっていたら、生地を少し温めてから加えてください。

12 ゼラチン液を加える。

準備したゼラチン液を**11**に加え、泡立て器でよく混ぜ合わせる。

> ゼラチン液が固まっていたら湯せん（→p.91）か電子レンジにかけて、さらさらの状態にしてから加えます。

13 生クリームを泡立てる。

別のボウルに生クリームを入れ、氷水に当てながらハンドミキサーで泡立て、三〜四分立てにする。

> 三〜四分立てとは、少しとろりとして、すくうとタラーッと流れるくらいのやわらかさです。

14 生クリームを加える。

12に**13**を加えて、泡立て器で混ぜ合わせる。なめらかになるまで混ざったら、チーズクリームの生地はでき上がり。

15 生地を流し、冷やし固める。

7に、**14**をあふれない程度に流し入れる。冷蔵庫で4時間以上冷やす。

> 表面を触ってみて、弾力があり、固まっている感じがあれば冷蔵庫から出していいですよ。弾力がなく、手に生地がつくようなら、もう少し冷やしてください。

16 セルクルをはずす。

温かいぬれ布巾でセルクルの周りをぐるりと包んで少しだけ温め、下から押し出すようにして、ゆっくりと中身を取り出す。回転台または皿などに乗せる。

17 上掛け用クリームを作る。

ボウルに生クリームを入れ、ボウルの底を氷水に当てる。グラニュー糖を加えて泡立て器で泡立て、五分立てにする。

> 泡立て器の筋が軽く残るくらいが五分立ての目安。あんまりさらさらだと、ケーキにかからずに流れてしまいます。

18 クリームを上からかける。

16の上から17を適量流しかける。側面に流れ落ちる分を考えて、多めにかける。

19 クリームを均一に広げる。

パレットナイフで上面のクリームを均一の厚さに整えながら、塗り広げる。

> きれいに整えるのが難しければ、上からクリームをかけて、トントンと周囲をやさしくたたくだけでいいよ。クリームが自然に流れ落ちて表面が整います。

20 側面にもクリームを広げる。

パレットナイフで側面にもきれいにクリームを広げる。余分なクリームはパレットナイフで拭い取る。

21 コルネにクリームを入れる。

クッキングペーパーでコルネを作り（下図参照）、17を7分目まで入れて口を閉じ、先を2mmほど、はさみで切り落とす。

22 飾り模様を描く。

ケーキの表面に好みの模様を描く。

> 生クリームをもっとしっかり泡立てて絞りの飾りをつけてもいいですし、この模様は皆さん自由にやってみてください。

紙を巻いて作る、コルネ。

コルネとはクッキングペーパーで作る、小さな絞り袋のこと。紙を図のように切って、**A**の部分が先端になるように円錐状に丸めます。中身を詰める際は、スプーンなどで6〜7分目まで入れて口を閉じ、使う直前に先を切ります。使い切りで、主にデコレーションの文字や細かな模様を描くのに使います。

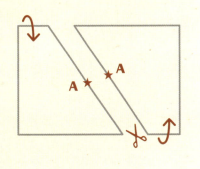

洋梨のシロップ煮を煮直す。このひと作業がタルトの味わいを深める。

タルト・ブーダルー

Tarte aux poires Bourdaloue

シュクレ生地でタルトの基本を。

パリのブーダルー通りにあった菓子屋が考案した、とても古くから作られてきたクラシカルなタルトです。聞き慣れない菓子のように思われた方もいるでしょうが、<mark>タルト生地にクレーム・ダマンド（アーモンドクリーム）と洋梨のコンポートを入れた、相性のよい組み合わせ。</mark>とてもコクがあり、重厚な味わいで、フランスでは定番の菓子です。

タルトに使う生地はシュクレ生地。タルト生地には塩気を含んだものや、食感が異なるものなどもありますが、シュクレ生地は甘くてある程度の固さがあり、食べると口の中でほろりと崩れ、さらにアパレイユ（流動状の生地）などを上に流す場合にも使えます。タルトの作り方を覚えるならいちばん便利で使いやすい生地だと思います。

タルトの基本としては、生地を<mark>型に敷き込むときのコツさえつかめれば</mark>、あとはすぐに作れるようになると思います。フルーツを好みのものに変えたり、いろいろと応用が利くでしょう。

洋梨は芯まで糖分を含ませて使います。

タルト作りによく使われるのがクレーム・ダマンドです。火を入れることでタルトにコクのある豊かな風味を加えてくれます。僕は、タルトにはこのクリームがいちばんおいしいと思っています。材料を順に混ぜていくだけの簡単さですが、空気を入れるように混ぜ合わせるとなめらかさがなくなるので、そこだけ注意をしてください。また、洋梨のシロップ煮の缶詰は、洋梨に限りませんが、甘みを加え、さらに缶の臭いを消すために煮直して使います。さらに、一晩冷蔵庫におき、中まで充分に糖分を含ませます。こうすることで、焼くと、<mark>表面に糖分が浮き出て焼き色が黄金色になり、コンポートのシロップはクレーム・ダマンドに染み込み、全体にしっとりとしたでき上がりになります。</mark>

材料（直径16cm1台分）

◎シュクレ生地（2台分。半量を使う）
- バター（食塩不使用）…… 120g
- 粉糖 …… 80g
- 卵黄 …… 32g（約1½個）
- 牛乳 …… 12g
- 薄力粉 …… 200g
- 手粉、打ち粉（ともに強力粉）…… 各適量

◎クレーム・ダマンド
- バター（食塩不使用）…… 62g
- ◎タンプータン
  - 粉糖 …… 62.5g
  - アーモンドパウダー …… 62.5g
- 卵 …… 1個

◎洋梨のコンポート（作りやすい分量）
- 洋梨のシロップ煮（缶詰）…… 1缶（内容量825g／固形量460g）
- グラニュー糖 …… 70g
- ヴァニラスティック …… 1本

アプリコットジャム（上掛け用）…… 適量

準備

◎シュクレ生地
- バターをやわらかくする（→p.40）。
- 薄力粉をふるう。

◎クレーム・ダマンド
- バターをやわらかくする（→p.40）。
- タンプータンの材料を合わせてふるう。

◎仕上げ
- オーブンを180℃に予熱する（本体を焼く30分くらい前から）。

特に用意するもの

直径16cmのタルト型（底が抜けるタイプ）、鍋、ポリシート（厚手で大判のポリ袋を切り開いたもの）、麺棒、パレットナイフ、軍手、ケーキクーラー、刷毛

オーブン

- 温度／180℃　● 焼き時間／50分

食べごろと保存

焼き上がってから粗熱が取れて、生地が落ち着く1時間後くらいがいちばんおいしいです。できるだけその日のうちに食べ切ってください。保存するなら常温で翌日まで。

| タルト・ブーダルーの作り方 |

1 洋梨のコンポートを作る。

鍋に缶詰の洋梨とそのシロップ、グラニュー糖、ヴァニラスティックを縦に2つに裂いて入れ、火にかける。

> 缶詰の洋梨のシロップ煮は、糖度を上げ、缶のにおいを消すため、煮直してから使います。

2 弱火で30分ほど煮る。

弱火で30分ほど煮て、竹串がスッと通るくらいになれば煮終わりの目安。

> 洋梨はやわらかいので、ぐらぐら沸騰させると煮崩れてしまいます。弱火でそーっと静かに煮てください。

3 冷蔵庫で一晩寝かす。

煮上がったらそのまま冷まし、粗熱が取れたらボウルなどに移して冷蔵庫で一晩寝かす。

> 一晩おいて、芯まで糖分を浸透させます。

4 シュクレ生地を作る。

準備したバターをボウルに入れ、泡立て器で練り混ぜ、なめらかなクリーム状にする。

> 小さなダマがなくなり、均一ななめらかさになるまで混ぜます。

5 粉糖を加えて混ぜる。

粉糖を一度に加え、全体が白っぽくなるまですり混ぜる。

6 卵黄を2回に分けて加え混ぜる。

卵黄を2回に分けて加え、そのつど生地と卵黄がなじむまでしっかり混ぜ合わせる。

7 牛乳を加えて混ぜる。

牛乳を入れ、さらによく混ぜてもったりとしたクリーム状にする。

> 牛乳を加えると生地にソフト感が出ます。

8 混ぜ終わりの状態。

なめらかに混ざっていればよい。

> 泡立て器の針金についた生地は、指で丁寧にぬぐってボウルの生地に加えてください。

9 薄力粉を加えながら混ぜる。

ゴムべらに持ち替え、ふるった薄力粉を加えながら混ぜる。

> ここでは混ぜる手を止めたくないので、できれば「混ぜる」と「加える」を2人で分担しましょう。

10 生地を混ぜる。

薄力粉を入れ終わったら、ゴムべらで生地を底から返すようにして混ぜる。

11 混ぜ終わり。

粉気がなくなればよい。

> 混ぜすぎると、食感の悪い生地になってしまいます。

12 生地をチェック！

指先に手粉をつけて、混ぜ終わった生地の表面を軽く2〜3回たたいて平らにし、バターの塊や粉気が残っていないかを確認する。

> バターの塊や粉が見えたら、もう少し混ぜます。

13 形を整える。

作業台にポリシートを敷き、生地をその上に移してひとつにまとめる。手のひらに手粉をつけて押し、厚さ2cmほどに広げる。

> 冷蔵庫に入れると生地が固くなるので、後でもみやすい形にします。

14 生地を休ませる。

13を、空気が入らないようにポリシートで包み、冷蔵庫で1時間以上休ませる。

> 生地は冷蔵庫でゆっくり落ち着かせることが大事。急いで冷凍庫に入れて固めても、それは休ませていることにはなりませんよ。

15 1台分の生地を取り出す。

14の生地を2等分にする。半量が1台分となる。

> 1台でも作れますが、作りやすさなどを考えると、最少量をこの配合とすることをおすすめします。生地は冷凍できるので、次に作るときに使いましょう。

16 生地を軽くもむ。

打ち粉をふった作業台で15を軽くもみ、形作れる固さにする。

> 冷蔵庫から出した生地は固くなっているので、軽くもんで少しやわらかくします。

17 軽くのす。

16を厚さ1cmくらいで丸くなるように、親指のつけ根あたりで軽くのす。

> 麺棒で丸くのばしやすいような形にします。

18 手のひらくらいの大きさにする。

軽く押さえて、手のひらくらいの大きさの円形にする。

p.88に続く

タルト・ブーダルーの作り方

19 シュクレ生地をのばす。

麺棒を18の中央に置き、転がさずに上から押しつけるようにして、奥、手前、左右に動かして丸くのばす。

> 力を均等に入れます。ポリシートで生地を挟んでのばしてもいいですよ。

20 生地を中央から斜めにのばす。

生地の表面に薄く打ち粉をして、麺棒を中央から前後に転がしながら、生地をのばしていく。

> 丸い形を崩さないように、全体を少しずつのばしていきます。縁が少しぐらい割れても大丈夫。

21 生地を回転させてのばす。

のばすたびに生地の向きを少し回転させる。これを繰り返して全方向に均等にのばす。

22 のばし終わり。

3mm厚さくらいで、型よりひとまわり大きい円形にのばす。

> のばしている間に生地がやわらかくなってきたら、ポリシートで包んで冷蔵庫で冷やしてください。

23 型にのせる。

のばした生地を型の上にのせる。

24 生地を型に密着させる。

生地を型の内側に少し折り込み、その折り目を底と側面の角に押し込むようにして密着させながら、全体に敷き込んでいく。

★ 角に指を当てたところ。

> この写真がわかりやすいと思いますが、角の部分がいちばん大事なんです。ここに指を当てて生地を押し込みますよ。底面はほっといても平らになりますから大丈夫。ここをしっかり押さえておかないと、焼いたときに必ず破けます。

25 余分な生地を落とす。

型の上に麺棒を転がし、はみ出した余分な生地を切り落とす。

26 生地を取り除く。

型の縁に残った生地を取り除く。

> 切り落とした生地は二番生地として15の残り半量に加えて使います。

27 側面の厚さを均一にする。

型を回しながら指の腹で生地を側面に沿わせ、厚みをそろえる。

> 触ると厚さの違いはわかりますから、指の腹で余分な生地は型の上に押し上げるようにして、厚さを均一にします。

28 はみ出した生地を切り落とす。

パレットナイフで縁をなぞって、はみ出した生地を切り落とす。

> ここで切り落とした生地も **25** 同様に、**15** の半量の生地に加えて使います。

29 敷き込み完了。

敷き込み完了。使うまで冷蔵庫に入れる。

> 生地の焼き縮みと底浮きを防ぐために穴を開けることをピケと言います。ここでは、シュクレ生地が他のタルト用生地に比べて浮き方が少なく、さらに、詰めるものにも重さがあるので、ピケは不要。

30 クレーム・ダマンドを作る。

ボウルにやわらかくしたバターを入れて、泡立て器で練り混ぜ、とろとろのクリーム状にする。ふるったタンプータンを加え、空気を入れないようにすり混ぜる。

> タンプータンと合わせやすいように、バターは少しやわらかめにしてください。

31 卵を加えて混ぜる。

卵を加え、しっかりなじむまですり混ぜる。

> ここで空気を入れるように混ぜると、なめらかに仕上がりません。泡立て器を立てて持ち、ボウルの底に押しつけるように混ぜます。

32 冷蔵庫で休ませる。

全体がむらなく混ざり、しっとりとなめらかになったら、冷蔵庫で1時間以上休ませる。

> バターがやわらかくなっているので、冷蔵庫で冷やし固めて、この後の作業をしやすくします。

仕上げる

33 生地にクリームを詰める。

32 を冷蔵庫から取り出し、泡立て器でよく混ぜてやわらかく戻す。**29** に流し入れて、表面をパレットナイフで平らにならす。この作業をする前に、オーブンを180℃に予熱する。

34 洋梨に切り込みを入れる。

3 の洋梨を4つ取り出して汁気をきり、横に5mm幅で深めの切り込みを入れる。

> この幅に決まりはないので、好みでいいですよ。

35 クリームの上にのせる。

パレットナイフですくい、形が崩れないようにして、**33** のクレーム・ダマンドの上に写真のようにそっと並べる。

> 洋梨を十字の形に置くのが、この菓子の伝統的な飾り方です。

タルト・ブーダルーの作り方

36 180℃で焼く。

180℃に予熱したオーブンに入れ、50分焼く。表面と縁に焼き色がつけば焼き上がり。軍手をしてオーブンから出し、粗熱が取れたら型をはずす。

縁の焼色が底の焼き色と同じです。縁が白っぽいと底はまだ火が入ってない。

37 アプリコットジャムを煮詰める。

鍋にアプリコットジャムを入れ、果肉など固形物があれば取り除き、水を大さじ1(分量外)ほど加えて火にかけ、弱火でとろみがつくまで煮詰める(➡p.55参照)。

38 アプリコットジャムを塗る。

36をケーキクーラーにのせて冷ましたら、タルトの表面に熱々の**37**を刷毛で塗る。

Chef's voice

シュクレ生地は、1台分でも作れますが、作りやすさなどを考えると、最少量をこの配合とすることをおすすめします。生地は3か月ほど冷凍保存できます。型に敷き込んだ状態で冷凍してもいいですよ。

CHECK

断面 シュクレ生地が型の角の部分まできっちり敷き込まれているのがわかる。

フルーツのシロップ煮は、煮直して使います。

市販のフルーツのシロップ煮は、そのままでは糖度が低く(甘みが少なく)、例えばタルトの上にそのままのせて焼いても、水分が飛んで表面が乾いたような焼き上がりになってしまいます。菓子屋のようにつややかで、フルーツのおいしさが際立つように焼き上げるには、砂糖を加えて煮直し、糖度を上げて使うのがポイントです。

フルーツが浸かっているシロップをなめてみてください。多分甘みが少なく感じると思います。おそらく糖度はボーメ15°(➡p.108)くらい。これを、菓子の甘さの基本であるボーメ18°(➡p.108)にするために、砂糖を加えて煮直します。この糖度を守ると、菓子はおいしくなるんですね。

煮直す際は、レシピの分量を目安に砂糖を加え、自分の舌で確認するのがいいですね。そのときにもう一つ。市販のシロップ煮のほとんどは缶詰のため、どうしても缶の臭いが移っています。その臭いを消すため、ヴァニラやレモンの皮など、香りのあるものを加えて煮てください。カルダモンやアニスなどのスパイス、柑橘類の皮、紅茶の葉などでもいいです。そうして煮直したら、芯まで糖分を含ませるために、煮汁に一晩つけておきます。

こうすることで、食べたときにフルーツの風味がふっと立ち上がるような、香りのあるしっとりとしたおいしさが引き出せます。

レシピに書かない お菓子作りの基本
「湯せん」と「混ぜる」について

「混ぜる」にはいくつかあります。

生地やクリームは、混ぜ方によって仕上がりの状態が変わってきます。「混ぜる」という作業は、材料の性質や状態を生かしてうまく合わせることが目的。その混ぜ方はさまざまです。ここでは基本的な混ぜ方を確認してください。

[すり混ぜる]

泡立て器や木べらを使い、ボウルの底をこするようにして、ぐるぐる回しながら混ぜます。空気を入れることが目的ではなく、材料がしっかり混ざることがポイントです。道具はしっかりと握り、すべる場合はボウルの下にぬれ布巾を敷くと安定します。ボウルが深い場合は、少し斜めに傾けて混ぜるとよいでしょう。

「湯せん」は2つあります。

湯せんとは、鍋などに湯をはり、その中に一回り小さい容器を入れて、内側の容器の中でチョコレートを溶かしたり、湯ごとオーブンに入れて生地を焼いたりと、間接的に加熱する調理法のことです。

[底からすくい上げるように混ぜる]

ゴムべらや木べらで生地の気泡を消さないように、練らずに混ぜます。へらは面が横を向くように持ち（ゴムべらはカーブを下に）、縦に切り込み、ボウルの底から中身をすくい上げるようにして混ぜます。泡をつぶさないように、大きく動かすのがコツ。手首を返すタイミングで、空いた方の手でボウルを手前に回しながら混ぜていきます。

[湯せんで溶かす]

生地やバター、チョコレートなど焦がしたくないものを、湯の温度を利用して、間接的に温めたり溶かしたりします。チョコレートの場合は50〜60℃の湯を用意し、細かく刻んだチョコレートを入れたボウルを重ねて、へらでゆっくり混ぜながら溶かしていきます。熱湯を使ったり、ぐるぐる混ぜたりするとなめらかに溶けません。また、混ぜている間に湯や蒸気が入ると分離したり、混ぜるときにむらになったりするので注意します。バターを湯せんで溶かすときも50〜60℃の湯を使います。

[ハンドミキサーで混ぜる]

羽根を回転させながら、ハンドミキサー自体もボウルの中で大きく円を描きながら混ぜます。写真のように、羽根が生地などですっかり隠れるようにするのがポイント。ただしできるだけ羽根がボウルをこすらないようにします。本体は真っ直ぐ持つのが基本で、斜めにすると中身が飛び散るので注意してください。

[湯せん焼き]

オーブンの天板に深さがあればそれを利用して、浅ければバットなどを使い、生地を入れた型を並べて30〜35℃くらいの湯を注ぎ、オーブンで蒸し焼きにします。湯の量は、型の高さの1/3程度が目安です。

白焼きをした生地にアパレイユを流します。
タルト・オ・シトロン
Tarte au citron

「シトロン」は、フランス語でレモンのこと。レモンの濃い酸味とさわやかな香りが広がるタルトです。なめらかにとろける、プディングタイプのアパレイユとサクサクのシュクレ生地が一体化したおいしさを味わいます。タルト・ブーダルー（→p.84）では、シュクレ生地を型に敷き込み、中にクレーム・ダマンドを入れて焼成しましたが、こちらは**型に敷き込んだ生地をまずは下焼きして作ります**。シュクレ生地の**焼き加減は、"キュイ・ブラン（白く焼く）"**。アパレイユを流し込んでさらに焼くため、縁に薄く焼き色がつくぐらいでよいのです。

材料（直径16cm1台分）

◎**シュクレ生地**（2台分。半量を使う）
- バター（食塩不使用） …… 120 g
- 粉糖 …… 80 g
- 卵黄 …… 32 g（約1½個）
- 牛乳 …… 12 g
- 薄力粉 …… 200 g
- 手粉、打ち粉（ともに強力粉）
  …… 各適量

塗り卵（卵黄）…… 適量

◎**アパレイユ**
- レモン …… 2個
- 卵 …… 2個
- 卵黄 …… 2個
- グラニュー糖 …… 50 g
- 溶かしバター（→p.41）
  …… 33 g

準備
- バターをやわらかくする（→p.40）。
- 薄力粉をふるう。
- オーブンを180℃に予熱する。

特に用意するもの
直径16cmのタルト型（底が抜けるタイプ）、ポリシート（厚手で大判のポリ袋を切り開いたもの）、麺棒、パレットナイフ、クッキングペーパー（またはロール紙）、重し（タルトストーンまたは小豆など）、おろし金、絞り器、温度計、軍手、ケーキクーラー、刷毛

オーブン
- 温度／180℃
- 焼き時間／白焼き18分、乾燥2〜3分、本焼き15分

食べごろと保存
粗熱が取れて1時間後くらいがいちばんおいしいです。冷蔵庫で少し冷やしてもいいと思います。保存は冷蔵庫で翌日まで。アパレイユは冷蔵庫で2〜3日保存できます。

1 シュクレ生地を作る。

p.86 〜 p.89の**4**〜**29**を参照して生地を作り、型に敷き込む。

2 白焼き用に敷き込む紙を作る。

クッキングペーパーを25cm四方の正方形に切り、四つ折りにして、タルト型の半径より4〜5cm長く、丸くなるように弧状にカットする。

3 敷き込んでみる。

2を型に敷き込んでみて、底と側面の角に合わせて折り目をつける。

4 切り込みを入れる。

3のペーパーを再び四つ折りにし、折り目の位置まで1cm間隔で切り込みを入れていく。

5 生地の上に敷き込む。

4を広げ、タルト生地の上に敷き込む。

> 生地の上に紙を敷き込むだけでは、必ずダブついて生地にシワがよっちゃうんです。それを防ぐために、細かく切り込みを入れて調整しましょう。

6 敷き込んだところ。

カーブを上手に曲げながら、生地に沿うように紙を敷き込む。

▶ p.94に続く

タルト・オ・シトロンの作り方

7 重しをのせ、空焼きする。

生地が浮かないように、重しを型の縁までたっぷり入れる。180℃に予熱したオーブンに入れ、18分ほど焼く。

重しは、写真のような専用のもの（タルトストーン）以外、小豆などの豆や米などでも利用できますよ。

8 アパレイユを作る。

レモンの皮の黄色い部分を、おろし金ですりおろす。

黄色い皮の部分だけを丁寧にすりおろします。白い部分は苦味があるので注意します。おろし金に残った皮は刷毛で落として使います。

9 果汁を絞る。

レモンは横半分に切って、果汁を絞る。すりおろした皮と合わせておく。

果汁の種などは取り除いてください。

10 卵とグラニュー糖を混ぜる。

ボウルに卵と卵黄を溶きほぐし、グラニュー糖を加えて泡立て器で溶けるまでよく混ぜる。

11 レモンを加えて混ぜる。

レモンの皮と果汁を加えて混ぜる。

12 溶かしバターを加えて混ぜる。

溶かしバターを電子レンジ、湯せんなどで約50℃に温め、11に加えてなじむまで混ぜる。

溶かしバターは卵生地と合わせやすいように、50℃くらいに温めます。ただ、これ以上温度が高くなると卵が固まってしまうので注意してください。電子レンジを利用する際は、10秒単位で加熱して温度を確認しましょう。

13 アパレイユの完成。

均一に混ぜ合わせて、アパレイユのでき上がり。

このまま冷蔵庫に入れて2〜3日保存できます。焼くときは冷えたまま型に入れてください。固くなっていても大丈夫、ちゃんとなめらかに焼き上がりますから。

14 白焼きの焼き上がり。

7の生地の縁を見て、色づいていれば焼き上がり。軍手をしてオーブンから取り出す。

縁の焼き色＝底の焼き色と考えます。焼き足りなければ、様子を見ながらさらに5分ほど焼きます。

15 重しを取り除く。

レードルなどを使って重しを取り除く。オーブンは引き続き180℃に温めておく。

型も重しも熱くなっているので、やけどに注意してください。

16 敷き紙をはがす。

敷き紙を、生地が破けないようにゆっくりはがす。

17 塗り卵を塗る。

焼き上がった生地の内側全体に、塗り卵を刷毛で塗る。

> アパレイユがシュクレ生地に染み込んで生地が崩れるのを防ぐために、卵を塗って内側に膜を一層作ります。

18 180℃のオーブンで乾かす。

180℃のオーブンに2～3分入れ、表面に塗った卵を乾かす。オーブンはそのまま180℃に温めておく。

19 アパレイユを入れる。

13のアパレイユを流し入れる。

20 180℃で焼く。

180℃のオーブンに入れ、15分焼く。

> 焼き上がりは、表面がフルフルと動くくらいでいいですよ。このアパレイユはプリンのような生地なので、これ以上焼くとすが入ったり分離してしまいます。

21 冷ます。

焼き上がったら、軍手をしてオーブンから取り出し、ケーキクーラーにのせて冷ます。粗熱が取れたら型をはずす。

タルト生地は、中に入れるもので焼き方が変わります。

タルト・ブーダルーとタルト・オ・シトロンでは作り方が異なったように、タルト生地は、中に何を入れるかで、作り方が変わります。

火の通りやすいアパレイユを流して焼く場合
➡ 型に敷き込んだ生地を、先に縁が薄く色づくくらいに白焼きして使います。（例：タルト・オ・シトロン）

火が通るのに時間がかかるアパレイユの場合
➡ 型に敷き込んだ生地に直接アパレイユを流して、生地とアパレイユを一緒に焼きます。（例：タルト・ブーダルー）

クレーム・パティシエール（カスタードクリーム）とフルーツを入れるような、焼かない詰めものの場合
➡ 型に敷き込んだ生地を、全体が色づくまで空焼きして使います。

外側は乾いていながら、中はしっとりしている。
この焼き上がりはフランス菓子の特徴。

ビスキュイ・ショコラ

Biscuit au chocolat

怖がらずに、しっかりした卵白を泡立てること。

表面はかさっと乾いているのに、中心は軽くしっとりして、チョコレートのコクをしっかり感じられる菓子です。

この菓子の作り方は、卵白ですね。**卵白の泡立てが命、です。** 泡立てすぎるのを心配して途中で止めちゃう人がいるけど、それではこの食感は出ないです。チョコレートを加えると、生地はどうしても固まる、僕らの言葉で言うと「締まって」くるので、しっかりしたメレンゲがないとふわりと焼き上がりません。だから、**キメが細かく、角がぴんと立つほどのメレンゲを作るんです。**

基本的なことですが、使うチョコレートが味わいを決めます。チョコレート菓子で使っているのは、すべてクーベルチュール・チョコレートです。一般に市販されているチョコレートとは香りも風味も口溶けも違います。カカオ分（カカオマスとカカオバターを合わせた％数）の含有量でどういう菓子に向くかも違うので、記したカカオ分の％を目安に選んでみてください。

2台分の配合は、おいしく作れる最少量です。

ここで紹介する材料は2台分作れる分量ですが、**この量は、ご家庭で失敗なく、おいしく作れる最少量です。** 1人分のご飯を炊いたり、1人分のみそ汁を作るのが難しいように、菓子も少ない量を上手においしく作るのは、プロでも難しい。やはり、ある程度の量を作ったほうが、作りやすいですし、菓子はおいしくなりますよ。ここでは配合通り、2台分作ってほしいです。

材料（直径15cm 2台分）

- クーベルチュール・チョコレート
  （カカオ分53％）…… 116 g
- 生クリーム（乳脂肪分47％）…… 116 g
- バター（食塩不使用）…… 84 g
- 卵黄 …… 84 g（約4個強）

◎ メレンゲ
- 卵白 …… 128 g（約4個分）
- グラニュー糖 …… 164 g
- 薄力粉 …… 48 g
- ココアパウダー …… 44 g

ここで使っているクーベルチュール・チョコレートは、ヴァローナ社「エクストラ・ノワール」のタブレットです。

特に用意するもの

直径15cmの丸型2台（底が抜けるタイプ）、小鍋2個、刷毛、ハンドミキサー、軍手、ケーキクーラー

オーブン

- 温度／150℃
- 焼き時間／45分

食べごろと保存

焼き上がってから粗熱が取れて、生地が落ち着いたころがいちばんおいしいと思います。保存はラップできっちり包んで、室温で2〜3日。ただし、できるだけ早く食べるほうがよいと思います。冷蔵庫に入れるとしっとり感が消えてしまうのでおすすめできません。

ビスキュイ・ショコラの作り方

1 粉類をまとめてふるう。

薄力粉とココアパウダーは一緒にふるう。

2 バターを溶かす。

冷蔵庫から出したバターを適当な大きさに切り分けて小鍋に入れ、泡立て器でかき混ぜながら中火にかける。バターが溶けたら、型用に澄ましバター（→p.41）を大さじ1ほど取り分け、火から下ろす。

3 型に澄ましバターを塗る。

型に**2**で取り分けた澄ましバターを刷毛で塗る。

> 澄ましバターは熱いうちに塗ります。そうすると、バターがさらさらしているので薄く塗れます。

4 生クリームを温める。

生クリームを別の小鍋に入れて中火にかけ、沸騰してきたら火を止める。

5 チョコレートと混ぜる。

ボウルにチョコレートを入れ、**4**を注ぐ。チョコレートが溶けて、つやが出るまで泡立て器でゆっくり混ぜる。

> 中心から円を描くように少しずつなじませるように混ぜていきます。かき混ぜると、チョコレートが分離してしまいます。

6 溶かしバターを加えて混ぜる。

2を加え、泡立て器でゆっくりなじむまで混ぜる。

> ここは丁寧にね。泡立て器で真ん中から少しずつ円を描くように混ぜてください。いっぺんに大きく混ぜると、分離してなじみにくいです。

7 卵黄を加えて混ぜる。

卵黄は2回に分けて加え、そのつどよく混ぜ合わせる。生地につやが出ればよい。

> 余分な空気を入れないように混ぜましょう。チョコレートの生地が人肌より少し温かいくらいだと、卵を加えても生地が締まらず、なめらかに混ぜられますよ。

8 卵白を泡立て、メレンゲを作る。

大きめのボウルに卵白を入れ、ハンドミキサーの高速で泡立てる。まだ泡が粗いうちにグラニュー糖を数回に分けて加える。

> つやがあり、角がしっかり立つくらいの固めのメレンゲを目指します。

9 角がしっかり立つまで泡立てる。

しっかりと泡立てて、角がぴんと立つ状態にする。

> もこもこと膨らみ、泡立て器ですくうとその形をキープするくらいしっかりね。光沢のあるメレンゲです。

10 メレンゲと生地を合わせる。

7に9の半量を加えて、泡立て器でむらなく混ぜる。

11 粉類を加えて混ぜる。

1の粉類を加え、ゴムべらに持ち替えて、軽く混ぜる。ここでは粉気が残っていていい。

泡立て器の針金に残った生地は、指で丁寧にぬぐってボウルの生地に加えましょう。

12 残りのメレンゲを加える。

残りのメレンゲも加えて混ぜ合わせる。ゴムべらで生地の底から返すように30〜40回程度大きく混ぜ合わせる。

13 混ぜ終わりの状態。

メレンゲの白い筋が見えなくなり、つやが出れば混ぜ終わり。

混ぜすぎは禁物。つやが出てきたら、混ぜる手を止めます。

14 生地を型に流す。

13の生地を、3のバターを塗った型に6分目くらいずつ入れる。

15 150℃で焼く。

150℃に予熱したオーブンに入れ、45分焼く。軽く触ってみて弾力があり、表面が乾いた感じで、割れ目がしっとりしていれば焼き上がり。軍手をして取り出し、作業台に2度ほどカタンと打ちつけてガスを抜く。

16 型をはずして冷ます。

粗熱が取れたら型からはずし、ケーキクーラーにのせて冷ます。

冷やした生地を、高温・短時間で焼くのがこの菓子の鍵。
外にはしっかり火が入り、中がとろりととろける。

ショコラ・モワルー
Chocolat moelleux

冷たくした生地を高温でさっと焼くから半生に!

"モワルー（moelleux）"とは、フランス語で「やわらかい」という意味です。この菓子は、日本でも人気があるようで、いろいろなところで見かけますが、新しく生まれた流行の菓子ではありません。フランスでは昔からある伝統菓子の一つです。

　半分に割ってみてください。**外側は火が通っているのに、中心部分はとろりとやわらかい**のがわかりますか？ このように半生の焼き加減に仕上げたい。

　そのために、生地を冷やし固め、高温・短時間で焼くことで、外と内側の食感の違いを作ります。焼き上がった後も、そのまま置くと余熱で中に火が入って半生でなくなってしまうので、天板から下ろして、なるべく手早くセルクルをはずします。そこまでの流れを頭に入れて作っていくとよいでしょう。

チョコレートは温度に気をつけます。

チョコレートの菓子を作るとき注意したいのは、なにより低い温度になると固まるということ。**温度に注意が必要なんです。**チョコレートと卵は温度が違うと喧嘩する材料です。卵は冷えたものを使うので、その冷たさでチョコレートが固まってしまいます。だから、チョコレートは必ず温め、卵は少量ずつ加えます。それに急激な温度変化がないようよく混ぜて、温度を徐々に下げながらなめらかになるまで混ぜます。

　この菓子で使っているクーベルチュール・チョコレートはヴァローナ社の「ジヴァラ・ラクテ」。カカオ分は40％程度のものです。もちろん、これでなければだめ、ということはありません。**そのまま食べてもおいしいと感じるくらい**の、甘めのチョコレートが向いています。

材料（直径5cmのセルクル10個分）

- バター（食塩不使用）…… 100g
- クーベルチュール・チョコレート（カカオ分40％）…… 100g
- グラニュー糖 …… 70g
- 卵 …… 2個
- 薄力粉 …… 80g
- ベーキングパウダー …… 3g
- 澄ましバター（→p.41）…… 適量

ここで使っているクーベルチュール・チョコレートは、ヴァローナ社の「ジヴァラ・ラクテ」（カカオ分40％）のタブレットです。

準備
- バターをやわらかくする（→p.40）。
- 天板にオーブンシート（またはクッキングペーパー）を敷く。
- 薄力粉とベーキングパウダーを合わせてふるう。
- オーブンを220℃に予熱する（生地を焼く30分くらい前から）。

特に用意するもの
直径5cmのセルクル10個、片手鍋、オーブンシート（またはクッキングペーパー）、温度計、絞り袋、丸口金（口径10mm）、軍手、ケーキクーラー、ペティナイフ（または小さめのパレットナイフ）

オーブン
- 温度／220℃　● 焼き時間／10〜11分

食べごろと保存
焼きたての熱々もおいしいです。粗熱が取れて、生地が落ちついたころもいい。手順10の状態でセルクルから生地をはずし、ラップに包んで冷凍保存が可能です。再び焼くときは、同様に澄ましバターを塗ったセルクルに入れて、焼きます。

ショコラ・モワルーの作り方

1　セルクルに澄ましバターを塗る。

セルクルの内側に、指で温かい澄ましバターを塗る。オーブンシートを敷いた天板に、セルクルを並べる。

2　チョコレートを湯せんで溶かす。

ボウルにチョコレートを入れて約60℃の湯で湯せん（→p.91）にかけ、溶かす。湯せんからはずし、混ぜながら35〜40℃にする。

> チョコレートは体温より少し高めの温度にしてください。

3　バターとチョコレートを合わせる。

準備したバターを泡立て器でとろとろのクリーム状になるまで混ぜ（→p.40）、**2**を加えてむらなく混ぜる。

4　グラニュー糖を加えて混ぜる。

グラニュー糖を加え、泡立て器でよく混ぜ合わせる。

5　卵を1個ずつ加えて混ぜる。

卵を1個ずつ加え、泡立て器を握って持ち、よく混ぜ合わせる。加えた卵が見えなくなり、なめらかになったら次の卵を入れて混ぜる。

6　よく混ぜ合わせる。

チョコレート生地と卵を、むらなくなめらかな状態になるまで、しっかり混ぜる。

7　粉類を加えて混ぜる。

準備した粉類をふり入れ、むらなくすり混ぜる。

> 空気を含むような混ぜ方ではなく、静かに大きくすり混ぜます。空気を抱き込ませた生地は、焼き上がりは大きく膨れますが、冷めると沈んでしまいます。

8　混ぜ終わり。

チョコレートに卵と粉類がなめらかに混ざり、つやが出たら生地のでき上がり。

9　型に生地を絞り入れる。

絞り袋に丸口金をつけ、口金のすぐ上側の部分の袋を口金に押し込んで、生地が流れ出ないようにして**8**を入れ、**1**のセルクルに7分目ずつ絞る。

10 冷蔵庫に入れて冷やし固める。

9を天板ごと2時間ほど冷蔵庫に入れ、カチカチに固まるまで冷やす。

生地を冷やす。この工程こそが、ショコラ・モワルーの特徴です。

11 セルクルにバターを再度塗る。

10のセルクルをはずして、再度澄ましバターを塗り、再び11の生地にかぶせる。

この生地は型にとてもくっつきやすいので、型をはずしやすいように澄ましバターを2度塗りします。ここでは少し厚く塗ってください。

12 220℃で焼く。

220℃に予熱したオーブンに入れ、10〜11分ほど焼く。表面の割れ目の中を見ると、まだ乾いていないところが見える。これがこの菓子の焼き上がりの目安。

13 オーブンから出す。

オーブンから取り出し、すぐ天板からケーキクーラーなどへ移す。ここからの作業は、熱いので軍手をして行う。

余熱で火が入ると中が半生でなくなるので、すぐに移して冷まします。ここはできれば素早く！

14 セルクルをすぐはずす。

すぐにセルクルをはずす。生地の側面とセルクルの間にペティナイフや小さめのパレットナイフを入れ、ぐるりと一周してセルクルをはずす。

型の余熱が入らないように、ここも素早く！

15 でき上がり。

このまま熱々を食べてもおいしい。焼き上がりはセルクルから飛び出すくらい膨らんでいるが、粗熱が取れると落ち着いて沈む。冷ます場合は、ケーキクーラーにのせる。

CHECK

断面 外側はしっかりと火が入っているが、中心部はつやのある半生の状態。中心にこれ以上熱が加わると、単なるチョコレートの焼き菓子になってしまうぎりぎりの焼き上がり。

イタリアン・メレンゲをしっかり作れば、
ムースは絶対おいしくなります。

ムース・ショコラ

Mousse au chocolat

シロップを120〜122℃に加熱する。

なめらかな舌触りと、泡のようにふわっと消えるムース。==このエレガントな泡を作りだすのが、イタリアン・メレンゲです。==

　==泡立てた卵白に、グラニュー糖と水を熱した熱々のシロップを加えて泡立てるイタリアン・メレンゲは、気泡がつぶれずにしっかり形が残るのが特徴です。==さらに、熱したシロップを加えることで卵白に火が入り、殺菌効果も得られます。

　軽く口溶けよいムースに仕上げるには、キメ細かく、コシの強いイタリアン・メレンゲが必要です。通常使う熱したシロップは118〜120℃ですが、少し軽いメレンゲになってしまうので、うちの店では120〜122℃に上げてより強いメレンゲを作ります。

　熱したシロップの温度の見極め方はいろいろあります。僕らは訓練をしていますから、泡の大きさで今何℃ってわかりますが、皆さんは温度計を使ってください。

　グラニュー糖と水を入れた鍋を中火にかけたら、同時に卵白を泡立て始めます。この卵白が八分立てくらいになったときに、120〜122℃のシロップが注げるようにタイミングをはかります。==この作業はできれば2人でやってください。==この後、粗熱が取れるまで混ぜ続ければ、2〜3時間おいても大丈夫な、コシの強いイタリアン・メレンゲができ上がります。

チョコは35℃、生クリームは五〜六分立てに。

やわらかいクリーム状のバターに加えるチョコレートは、35℃を目安に。生地が締まって混ぜにくくなるのを防ぎます。生クリームは五分立てにして、2回に分けて混ぜ合わせます。ここにイタリアン・メレンゲを一度に加え、むらなく混ぜて完成です。

材料（作りやすい分量）

クーベルチュール・チョコレート
　（カカオ分55〜60％）…… 160 g
バター（食塩不使用）…… 80 g
生クリーム（乳脂肪分47％）…… 270 g

◯イタリアン・メレンゲ
　卵白 …… 55 g（約2個分）
　グラニュー糖 …… 110 g
　水 …… 37 g

> ここで使ったクーベルチュール・チョコレートは、ヴァローナ社の「カラク」（カカオ分56％）のタブレットです。イタリアン・メレンゲが入るので、これぐらいの甘さを抑えたチョコレートを合わせると、味がシャープになります。カカオ分の％を目安に、好みのものを使ってください。卵白は新鮮なものを。

準備

- バターをやわらかくする（→ p.40）。
- 湯せん用に60℃の湯を用意する。

特に用意するもの

鍋（湯せん用）、片手鍋（小。シロップ用）、温度計（200℃計）、ハンドミキサー、絞り袋、星口金（口径12mm）

食べごろと保存

できたてを絞り出して、器ごと冷蔵庫で少し冷やしたものがおいしい。保存は密閉容器に入れて、冷蔵庫で2日ほど可能です。冷凍保存もできますが、そうするとムース風アイスクリーム（→ p.107）になります。

| ムース・ショコラの作り方 |

1 チョコレートを湯せんで溶かす。

ボウルにチョコレートを入れて湯せん（湯温約60℃）にかけ（→p.91）、ゴムべらで混ぜながら溶かす。完全に溶けたら40〜45℃に保温しておく。

> 湯せん用のボウルは熱伝導率の高いステンレス製がおすすめです。

2 シロップを作る。

片手鍋にグラニュー糖と水を入れて中火にかける。砂糖が溶けて煮立ち、大きな泡が出始めたら温度計を入れ、120〜122℃になるまで加熱する。

> 温度計は、鍋底から少し浮かせて測るのが基本です。

3 卵白を泡立てる。

シロップの鍋を火にかけると同時に、卵白をハンドミキサーの中速でほぐしてから、高速で泡立てる。

> これから熱いシロップを加えるので、ボウルは耐熱性のガラスボウルかステンレス製ボウルを使ってください。

4 シロップとメレンゲのタイミングを合わせる。

シロップが120〜122℃になるタイミングで、卵白が八分立てになるように、それぞれの作業を調整する。

> メレンゲは、ふんわりとして、卵白に泡立て器の跡が残るくらいが八分立てです。

5 メレンゲにシロップを混ぜる。

ハンドミキサーを高速で回しながら、120〜122℃に煮詰めたシロップを細く垂らしながら加える。

> 高温のシロップを扱うこの作業は、2人で「卵白を泡立てる」と「シロップを加える」を分担しましょう。

6 強く泡立てる。

シロップを入れ終わったら、高速のハンドミキサーでぐるぐると円を描きながら強く泡立てる。

7 粗熱が取れるまで混ぜ続ける。

シロップの粗熱が取れて、ボウルの底が人肌くらいになるまで泡立て続ける。

> ボウルの底に手を当てて温度を確認しながら、粗熱が取れるまで、ずっと混ぜ続けてください。

8 イタリアン・メレンゲの完成。

キメが細かくつやがあり、角がぴんと立つ状態になったらイタリアン・メレンゲのでき上がり。

> ちゃんと作ったイタリアン・メレンゲは、すぐに使わなくても大丈夫。室温で2〜3時間は気泡がもちますよ。

9 生クリームを泡立てる。

ボウルに生クリームを入れて底を氷水に当て、ハンドミキサーで五分立て（すくうととろとろと流れ落ちる状態）にする。

10 バターをクリーム状にする。

別のボウルに準備したバターを入れ、泡立て器ですり混ぜて、なめらかなクリーム状にする。

11 チョコレートを加える。

10に1を加え、混ぜ合わせる。

> チョコレートは35℃くらいに冷ましてから合わせるといいと思います。保温の温度のままだとクリーム状にしたバターが溶けてしまい、バターに含ませた気泡が消えてしまいます。

12 生クリームの半量を加えて混ぜる。

9の半量を加え、むらなく混ぜる。

> 一度に全量加えると分離しやすくなるので、それを防ぐために半量ずつ加えます。

13 残りの生クリームを加えて混ぜる。

残りの生クリームを加え、むらなく混ぜる。

14 イタリアン・メレンゲを加えて混ぜる。

最後に8を一度に加え、泡立て器でなじむまで混ぜる。

15 ゴムべらで混ぜてキメを整える。

ゴムべらに持ち替えて、底から返すようにして混ぜ、つやを出す。

> 泡立て器の針金についたムースは、指で丁寧にぬぐい取ってボウルに加えましょう。

16 器に盛りつける。

絞り袋に星口金をつけ、口金のすぐ上側の部分の袋を口金に押し込んで、ムースが流れ出ないようにして15を入れ、器に絞り出す。

Chef's voice

イタリアン・メレンゲを作りやすい最少分量にしました。そのためでき上がり量が多めです（約20人分くらい）。でも余ったムースは冷凍できるのでご心配なく。バットなどにまとめて、あるいは1人分のココットに詰めて冷凍庫で凍らせ、ムース風アイスクリームとして楽しんでください。

変化させて使う材料 ❷

砂糖
Sucre

菓子のおいしさの中心にある「甘み」を作りだす砂糖。菓子作りになくてはならない砂糖は、甘味料としてだけでなく、卵や生クリームの泡立ちを安定させたり、生地をしっとりさせたり、防腐作用を高めたり、焼いたときの香りや色にも関係があるなど、さまざまな働きをします。砂糖の主成分はショ糖です。砂糖が水に溶けやすいのは、ショ糖がその特性を持っているからで、煮詰め温度によって状態がどんどん変わっていくのもショ糖ならではです。

砂糖に水を加えて煮溶かしたシロップを加熱すると水分が蒸発し、砂糖の濃度が上がって粘度が出てきます。この煮詰めた砂糖をシュクレ・キュイと呼び、その変化を生かしてシロップやフォンダン、飴、カラメル、と菓子作りに多用します。

シロップ、グラス・ア・ロ、カラメルなど、砂糖の性質を理解して菓子作りに生かす。

菓子屋の命　シロップ

＊ボーメ度とは液体の濃度を表す単位。ボーメ30°は糖濃度約57％。

シロップは、簡単に言えば砂糖と水を溶かしただけのもの。でも、すべての菓子屋にとって、シロップは大切な副材料です。中でも右の分量で作るボーメ30°＊という甘さのシロップは"菓子屋の命"とも言えます。

ボーメ30°のシロップは、昔から利便性の高い糖度とされていて、例えば、表面のつや出しに塗って焼く場合など、30°より高いと透明にならず白く濁り、低いと水分が多くなるので生地に染み込んでしまいます。また、ボーメ30°は菌が繁殖できない糖度なので、カビの心配もなく室温保存が可能です。

さらに、このシロップは同量の水分や酒を加えるとボーメ18°という甘さになります。僕はこの糖度を、"菓子の甘さの基本"としています。ジェノワーズ生地（→p.62）に打ったのが、ボーメ18℃のシロップです。生地に打つ場合、糖度が低いと食べたときに水っぽさを感じてしまう。生地の風味を生かすには18°が絶対的糖度だと考えています。ご家庭で作る菓子の手作りパーツとして、常備しておくといいと思いますよ。

材料（作りやすい分量）
グラニュー糖 …… 135 g
水 …… 100 g

作り方
片手鍋にグラニュー糖を入れて水を注ぎ、中火にかける。沸騰して砂糖が完全に溶けたら火を止め、そのまま冷ます。室温で1か月は保存可能。

ボーメ30°のシロップといちごのピュレを1：1で合わせると、ボーメ18°のいちごシロップが手軽に作れます。

PART 3

複雑なテクニックは要らない
気軽なお菓子

材料も作り方もシンプルで、

思い立ったらすぐに作れるお菓子を紹介します。

気軽に作れるけれど、おいしさは抜群。

シェフならではの配合と

おいしさのためのひと工夫を教わります。

プリンは舌触りの良さが大切。
表面にできる泡もちゃんと取り除く、その気遣いが大事です。

クレーム・カラメル
Crème caramel

クレーム・カラメルの生地に泡は禁物です。

プリンの愛称で知られるクレーム・カラメルのおいしさは、口どけ。そのなめらかさにあります。舌の上でとろけるようななめらかさを作るには、卵や砂糖の粒子、混ぜたときに入る空気の気泡、表面の泡など、==口当たりの良さを邪魔するものを丁寧に取り除いていくことが大切です。==

　アパレイユに混ざった空気は、焼くと気泡になってその跡がぷつぷつと小さな穴で残ってしまいます。これを「すが入る（立つ）」と言いますが、このすが口当たりを悪くします。だからクレーム・カラメルの生地に泡は禁物。混ぜるときは空気が入らないようにすり混ぜ、表面に浮く泡もしっかり取り除きます。

　また、==混ぜ合わせたアパレイユは必ず「こす」こと。==卵のカラザ（白い塊）や砂糖の粒を残さないようにして、型に流し入れます。できるだけ目の細かいこし器を使って丁寧にこしましょう。

温度調節が大切なポイントです。

クレーム・カラメルは、卵が熱で固まる性質（熱凝固性）を利用して作ります。卵は約80℃で完全に固まるので、じっくりと卵に火を通すのが基本です。急激な温度変化によりアパレイユが沸騰してしまったり、焼き時間が長すぎると、やはりすの原因になるので、==そのためにするのが湯せん焼きです。==湯に浸けて焼くことで水蒸気が発生して、型の周りの温度は上がりにくくなります。水分が逃げず、やわらかく火が入るので、なめらかな焼き上がりになるというわけです。材料も作り方もとてもシンプルですが、口当たりよく仕上げるには、他の菓子以上に温度調整が大切なポイントになります。

材料（90mℓ容量のプリン型6個分）
牛乳 …… 250g
卵 …… 1個
卵黄 …… 2個
グラニュー糖 …… 62g
ヴァニラエッセンス …… 3滴

◎カラメル
- グラニュー糖 …… 60g
- 水 …… 15g

準備
- オーブンを160℃に予熱する。
- 冷蔵庫に冷やすスペースを空けておく。
- 湯せん焼き用に30℃の湯を用意する。

特に用意するもの
90mℓ容量のプリン型6個、片手鍋（小）、木べら、目の細かいこし器（茶こしなど）、キッチンペーパー、レードル、バット（または深さのある耐熱容器）、軍手

オーブン
- 温度／160℃
- 焼き時間／35～45分（湯せん焼き）

食べごろと保存
できたてを冷蔵庫で少し冷やしたものがいちばんおいしいです。保存は冷蔵庫で3日ほど。

クレーム・カラメルの作り方

1 カラメルを作る。

片手鍋にグラニュー糖を入れて中火にかける。グラニュー糖が溶けて泡が立ち始めたら、木べらでかき混ぜながら煮詰める。

2 水を加えて混ぜる。

濃い目の茶色になったら火を止めて、水を加えて溶き混ぜる。ジュッとはねるのでやけどに注意する。

> カラメルの色は、僕は濃いめの焦げ茶色にしますが、皆さんのお好みで。濃いほど、ほろ苦い味わいになります。

3 型に均等に入れる。

型に手早く等分に流し入れ、室温で冷まし固める。

4 牛乳を温める。

別の鍋に牛乳を入れて火にかけ、60℃くらいに温める。

> これ以上温度を上げないように。この後に卵液と合わせるときに、卵が煮えて塊ができてしまいます。

5 卵とグラニュー糖を混ぜる。

ボウルに全卵と卵黄を合わせて溶きほぐし、グラニュー糖を加えてすり混ぜる。

> クレーム・カラメルの生地に泡は絶対ダメ。泡を立てないように、泡立て器の先でボウルの底をこするようにして混ぜます。

6 温めた牛乳を加えて混ぜる。

4を加え、混ぜ合わせる。

7 生地をこす。

目の細かいこし器で生地をこす。

> なめらかな舌触りにするためにこします。粉をふるこし器は、目が粗いので、目の細かい茶こしを使うとよいでしょう。

8 ヴァニラエッセンスを加える。

ヴァニラエッセンスを加えてスプーンなどで混ぜる。

9 表面をキッチンペーパーで覆う。

キッチンペーパーをもんでシワを寄せ、生地の表面をぴったり覆う。

> 紙は、クッキングペーパーやロール紙など、どんなものでも大丈夫ですよ。

10 表面の泡を消す。

キッチンペーパーを静かに手前にすっと引き寄せ、泡と一緒に取り除く。

> ここで気泡を消しておくのがポイント。気泡が残ると、食感が粗くなってしまいます。

11 型に生地を入れる。

3のカラメルが固まっているのを確かめてから、型にレードルなどで10の生地を等分に注ぎ入れる。

12 バットに並べて湯を注ぐ。

バットに11を間隔を少しあけて並べ、湯せん焼き用に用意した湯(30℃)を、型の1/3くらいまで注ぐ。

> 給湯器の湯を利用すると簡単です。

13 160℃で湯せん焼きにする。

160℃に予熱したオーブンに入れ、35〜45分湯せん焼きにする。

14 焼き上がりをチェック!

指先を水でぬらし、表面を触って生地がくっついてこなければ焼き上がり。軍手をしてバットから取り出し、粗熱を取って冷蔵庫で冷やす。

15 型を温める。

14を冷蔵庫から出し、型ごとぬるま湯に浸けて生地の側面を少しゆるめる。

16 生地と型の間に空気を入れる。

指で生地の縁を型に沿って軽く押さえ、生地と型の間に空気を入れる。

17 型をはずす。

皿を逆さにして型にかぶせ、皿と型がずれないように両手でしっかり押さえてひっくり返し、上下に数回振る。皿を台に置き、型を持ち上げてはずす。

Chef's voice

卵は熱で固まる性質を持っています。卵白は58℃くらいから固まり始め、80℃前後でほぼ固くなります。卵黄は約65℃で固まり始め、すぐに固くなります。この凝固温度を超えないよう、手順4で牛乳は60℃以上にならないように温めます。

クラフティのアパレイユには必ず粉が入ります。
これをフルーツを並べた陶器に直接流し込んで焼き上げます。

クラフティ・オ・ポム

Clafoutis aux pommes

フルーツはひと手間工夫して。

クラフティは、リモージュ焼きで知られるフランス・リムーザン地方の伝統菓子で、陶器にアパレイユ(流動状の生地)を流すのが決まりとなっています。

粉、砂糖、卵、牛乳で作るクレープにも似たアパレイユに、季節のフルーツをたっぷり敷き詰めて焼き上げるこの菓子は、素朴でやさしい味わいが魅力。フランスの家庭の味です。

==菓子にフルーツを使う際は、生か加工品かに関わらず、焼く、煮るなど何かひと手間工夫すると、随分おいしくなると思います。== ここでは、りんごのシャリッとした食感と形を残すように火を入れています。表面がしんなりするくらい。そして最後にフランスのきび砂糖、カソナードでカラメリゼします。これだけでも、カラメルのカリカリとした食感とほろ苦さが加わって、生のりんごをそのまま使うよりも、ずっと味わいが深くなります。

陶器でふんわり焼き上がる。

このアパレイユは、水分の半量をビールにして、味のポイントとしました。りんごの産地、フランスのアルザス地方ではよくビールを料理に使っていて、クレープ生地にもビールが入っていたりします。それをヒントに加えてみました。ビールのコクと風味が加わって味に深みが増し、さらに炭酸の働きで生地がふんわりとします。ビールが苦手な場合は、牛乳に替えてくださいね。

型にはバターを厚めに塗り、砂糖をまぶします。これで生地にバターの香りと砂糖の甘みが加わります。ここにりんごを並べ、こしてなめらかにしたアパレイユを流したら、オーブンへ。==陶器には厚みがありますから火がやわらかく入り、ふんわりねちっと焼き上がります。==

材料(直径18cm1台分)

りんご …… 2個
バター(食塩不使用) …… 10g
カソナード(または三温糖) …… 20g

◎アパレイユ
薄力粉 …… 30g
グラニュー糖 …… 30g
ヴァニラシュガー …… 4g
卵 …… 1½個
ビール …… 75g
牛乳 …… 75g

◎型用
バター(食塩不使用) …… 適量
グラニュー糖 …… 適量

粉糖 …… 適量

> りんごは紅玉など酸味のあるものがおすすめです。カソナードはサトウキビの絞り汁で作られる茶褐色のフランスの砂糖で、加えると独特の風味とコクが出ます。ヴァニラシュガーはヴァニラの風味をつけた砂糖です(→p.65、117)。

準備
◉型用のバターをやわらかくする(→p.40)。
◉オーブンを180℃に予熱する。

特に用意するもの
直径18cmの陶製タルト型(またはグラタン皿)、フライパン、バット、こし器、軍手、ケーキクーラー、茶こし

オーブン
◉温度/180℃ ◉焼き時間/45分

食べごろと保存
粗熱が取れてほんのり温かいもの、冷やしたもの、どちらもおいしいです。時間がたつと食感が変わるので、その日のうちに食べ切るのが理想。

クラフティ・オ・ポムの作り方

1 型にバターを塗る。

型の内側に準備した型用のバターを塗る。

陶器の型ごとテーブルに出して取り分けるクラフティは、型にバターを固形のままたっぷり塗ったほうが生地にバターの風味が染み込んでおいしい。僕はこれが好きなんですよ。

2 グラニュー糖をまぶす。

1にグラニュー糖をたっぷり入れ、型を傾けながら回して全体に多めにまぶす。最後に型を傾けて余分なグラニュー糖を別の容器にあける。

3 グラニュー糖をまぶした状態。

器全体にグラニュー糖が広がった状態。

こうすると焼いている間にバターとグラニュー糖が溶けて、生地に香ばしい香りと甘みが加わります。型は冷蔵庫に入れてもいいけれど、このまま室温に置いておいても大丈夫ですよ。

4 りんごをバターでソテーする。

りんごは皮をむいて8等分のくし形に切る。フライパンにバターを熱し、溶けたところにりんごを入れてソテーする。

5 カソナードを加える。

りんごの表面がしんなりしてきたら、カソナードを加える。

6 りんごをカラメリゼする。

火を強め、ときどきフライパンを揺すりながら砂糖を焦がし、全体をきれいなカラメル色にする。バットに取り出して冷ます。

りんごの形を残したいので、あまりしっかりソテーせず、表面に焼き色がつくくらいに。

7 アパレイユを作る。

ボウルに薄力粉をふるい入れ、グラニュー糖、ヴァニラシュガーを加えて泡立て器でよく混ぜる。

粉とグラニュー糖を最初にむらなく混ぜておき、ダマができないようにします。

8 卵を加えて混ぜる。

7に卵を加え、卵をほぐしながら、ダマにならないように軽くすり混ぜる。

9 牛乳を加えて混ぜる。

牛乳を加え、むらなくすり混ぜる。

10 ビールを加えて混ぜる。

9にビールを加えて混ぜる。

> ビールの代わりに、りんごの発泡酒・シードルを加えてもいいですね。お酒が苦手な方は、ビールの分を牛乳にしてください。

11 アパレイユをこす。

10をこし器でこし、なめらかな生地にする。

12 アパレイユの完成。

ダマなどのない、なめらかな状態にする。

> 粉が入るので、でき上がったアパレイユには粘度がありますよ。ヴァニラの香りとビールのほろ苦さが味のポイントとなります。

13 型にりんごを並べる。

3の型に、6を重ならないように並べ入れる。

> でき上がりの姿になるので、りんごが崩れないように、手で一切れずつ並べていきましょう。

14 アパレイユを入れる。

12をひたひたまで静かに注ぎ入れる。

15 180℃で焼く。

180℃に予熱したオーブンに入れ、45分焼く。表面に濃い焼き色がつけば焼き上がり。焼き上がったら軍手をして取り出し、型ごとケーキクーラーにのせて冷ます。

16 粉糖をふる。

粗熱が取れたら粉糖を茶こしでふる。

Chef's voice

ヴァニラシュガーは、店では砂糖と一緒にヴァニラを機械ですりつぶして作っていますが、家庭ではそれは難しいと思います。もし一度使ったヴァニラがあれば、よく乾かして、グラニュー糖の中に一緒に入れておくだけでもよいですよ（→p.65）。少しおくだけで香りが移るので、それを使ってください。

CHECK

表面に濃い目の焼き色がつけば焼き上がり。クレープ生地に似たアパレイユは、陶製の器の中でゆっくり火が入り、ふんわりねちっと焼き上がる。

混ぜて、流して、焼くだけの簡単さ。

クラフティ・オ・スリーズ

Clafoutis aux cerises

リムーザン地方の人たちにとって、クラフティといえば、初夏に出回るサクランボをたっぷり使ったクラフティ・オ・スリーズ。

日本では、甘みと酸味が特徴的なダークチェリー、あるいはグリオットのシロップ漬けを使うといいでしょう。**缶詰のシロップ煮を使う場合は、糖度を上げるとともに、缶臭を抑えるために、スパイスや柑橘類の皮、紅茶の葉など何でもいいのですが、香りづけのものと一緒に煮直します**（→p.90）。煮上がったら煮汁につけたまま一晩おいて、甘みをしっかり含ませます。

季節になったら、生のサクランボやアメリカンチェリーで作ってみるといいですよ。そのときは、枝つきで種も取らず型に敷き詰めます。このほうがフルーツの風味が引き出せます。その他は、シロップ煮と同様に。口に残った種をポンッと飛ばして食べるのが、リムーザン風食べ方です。

材料（長径21cm1台分）

◎チェリーのコンポート
- ダークチェリーのシロップ煮（缶詰）…… 1缶（内容量440g／固形量220g）
- グラニュー糖 …… 30g
- レモンの皮 …… 2切れ

◎アパレイユ
- 薄力粉 …… 30g
- グラニュー糖 …… 60g
- 塩 …… 0.5g
- 卵 …… 60g（約1個）
- 牛乳 …… 150g
- 溶かしバター（→p.41）…… 10g

◎型用
- バター（食塩不使用）…… 適量
- グラニュー糖 …… 適量

粉糖 …… 適量

> 入手できれば、甘みと酸味が特徴的なグリオット（サワーチェリー）のシロップ煮を使うといい。

準備
- p.116手順1～3を参照して、型にやわらかくしたバターを厚めに塗ってグラニュー糖をまぶす。
- オーブンを180℃に予熱する。

特に用意するもの
21×15cmのオーバル形の陶製型（またはグラタン皿）、鍋、温度計、こし器、軍手、ケーキクーラー、茶こし

オーブン
- 温度／180℃
- 焼き時間／45分

食べごろと保存
粗熱が取れてほんのり温かいもの、冷やしたもの、どちらもおいしいです。時間が経つと食感が変わるので、その日のうちに食べ切るのが理想。

1 チェリーのコンポートを作る。

鍋に缶詰のダークチェリーとそのシロップ、グラニュー糖、レモンの皮を入れ、弱火で15分ほど煮る。

> 缶詰のシロップ煮は甘さが足りないので、煮直して糖度を上げ（甘さを加え）、さらに缶の臭いも消します。

2 粉類と卵を混ぜる。

ボウルに薄力粉をふるい入れ、グラニュー糖、塩を加えてダマができないように泡立て器でよく混ぜる。ここに卵を入れ、軽くすり混ぜる。

3 牛乳を加えて混ぜる。

なめらかに混ざったら、牛乳を加えて混ぜる。

4 溶かしバターを加えて混ぜる。

溶かしバターを加え、むらなくすり混ぜる。

> この溶かしバターが冷えているとダマになるので、電子レンジまたは湯せんで50℃くらいに温めて加えましょう。レンジを使うときは、10秒単位で温度を確認しながら加熱してください。

5 こす。

こし器でこし、なめらかな生地にする。

6 型にチェリーを並べる。

1のチェリーをざるに上げて汁気をよくきり、準備した型に重ならないように並べ入れる。

7 アパレイユを入れて180℃で焼く。

5をひたひたに注ぎ入れ、180℃のオーブンで、45分焼く。焼き上がったら軍手をして型ごとケーキクーラーにのせ、冷ます。

> 焼いている間、アパレイユはフツフツと沸いて膨れていますが、オーブンから出すとスッとしぼんで落ち着きます。

8 粉糖をふる。

7の粗熱が取れたら、粉糖を茶こしでふる。

CHECK

ダークチェリーの果汁がアパレイユと混ざり、しっとりとジューシーな焼き上がりに。できたてのクラフティはふんわりとしている。

気軽に作って、できたてを食べて欲しい。
香ばしいバターをたっぷり加えた生地のおいしさは格別。

クレープ

Crêpe

焦がしバターとスパイスで、
生地自体のおいしさを感じられるように。

フランス・ブルターニュ地方のレンヌやカンペールなどにはクレープリー（クレープ屋）がたくさんあって、フランスに居た頃によく食べた思い出があります。ここでは、生地に香りの良い焦がしバターとシナモンを加えて、生地そのもののおいしさを存分に味わえるようなクレープを紹介したいと思います。

本来なら、クレープはクレープパンといって専用の厚手の鉄板を使って焼きます。これを使うと、焼き面の温度が一定で保温力もあるので、何枚焼いても均一にでき上がります。

でもご家庭ではクレープパンは一般的ではないでしょうから、今回はフライパンで焼く方法をお教えします。フライパンは、まずは最初によく熱しておくのがポイントです。道具に慣れるまでが難しいから、まぁ、何枚かは練習のつもりで焼いてみるといいでしょうね。

シンプルにバターと砂糖で食べるのが
いちばんおいしい。

生地が同じ厚さで、縁がチリチリと乾いたように焼け、全体にパリッと焼き色がついている、これが良いでき上がりです。生地はなるべく薄いほうがおいしいですし、焼き色は、菓子の表情になるので、しっかりと色づいたほうが僕は好きです。

クレープの食べ方はいろいろありますが、まずは焼きたてにバターと砂糖をふっただけのシンプルなものを、食べてみてください。オーソドックスだけど、僕はこれがいちばんおいしいと思う。砂糖は、粉糖だけでも、粉糖の上にさらにグラニュー糖をかけてもいいですよ。

材料（直径24cm 約20枚分）

薄力粉 …… 250 g
グラニュー糖 …… 60 g
塩 …… 1 g
牛乳 …… 600 g
卵 …… 50 g（約1個弱）
水 …… 60 g
シナモンパウダー …… 0.5 g
バター（食塩不使用）…… 150 g
ラム酒 …… 9 g

◇仕上げ用

粉糖（またはグラニュー糖）、バター …… 各適量

バター150 gは焦がしバターにする。その工程で、澄ましバター大さじ1ほど取り分け、でき上がった焦がしバターから75 gを使う。

準備

◉ 薄力粉はふるう。
◉ 卵は溶いておく。

特に用意するもの

直径24cmのフライパン、鍋、固く絞ったぬれ布巾、こし器、キッチンペーパー、レードル、パレットナイフ

フライパンはできるだけ厚手のものがいい。

食べごろと保存

焼きたてを食べてもらいたいです。焼く前の生地はできるだけ当日中に使い切ってくださいね。一度に全量焼いてしまい、クリームを塗っては重ねてミルクレープにしても良いですね。食べ切れなければ、間にキッチンペーパーなどを挟んで重ね、保存袋に入れて冷凍保存をおすすめします。

クレープの作り方

1　澄ましバターを作る。

冷蔵庫から出したてのバターを、適当な大きさに切り分けて鍋に入れ、火にかける。泡立て器で混ぜながらバターを溶かし、泡立ってきたら、泡をよけてその下にある黄色く透き通った上澄み（澄ましバター）を大さじ1ほどすくう。

2　混ぜ続けて焦がしバターを作る。

バターの色を見ながら絶えず混ぜ、黄色い上澄みがカラメル色に変わったら火から下ろす。

あっという間に色づくので、鍋の隣にぬれ布巾を置いて、焦げそうなら火からはずしてのせてもよいでしょう。

3　焦がしバターをこす。

写真のような焦げ茶色のバターができ上がる。2をこし器でこして表面の泡やあくを取り除き、ボウルを氷に当て粗熱を取る。

ここで作った焦がしバターから75gを使います。

4　粉類を合わせる。

ボウルにふるった薄力粉とグラニュー糖、塩を入れ、泡立て器で全体を混ぜ合わせたら、真ん中をくぼませて牛乳を3〜4回に分けて加える。そのつど泡立て器でよく混ぜる。

5　溶き卵を加えて混ぜる。

4に溶き卵を加える。ダマがなくなるまで泡立て器でよく混ぜ合わせる。

ここでは、粉に余計な働きをさせないように、静かによくよく混ぜ合わせます。

6　ラム酒を加えて混ぜる。

よく混ぜ合わせる。

7　シナモンパウダーを加える。

シナモンパウダーを加え、よく混ぜ合わせる。

8　水を加えて混ぜる。

水を加え、なめらかになるまで混ぜ合わせる。

9　焦がしバターを加えよく混ぜる。

最後に3の焦がしバター75gを加えて、よく混ぜ合わせる。

水分と油分のため、加えたままだと分離します。泡立て器でよく混ぜ合わせて乳化（→p.127）させ、なめらかにします。

10 生地をこして、休ませる。

9をこし器でこし、生地はでき上がり。室温か、もう少し温かいところに2時間ほど置いて生地を休ませる。

生地は必ず休ませて。小麦粉の弾力や粘度を出さずに、粉と水分が十分なじんで、キメの整った生地になりますよ。

11 フライパンに澄ましバターを塗る。

1の澄ましバターをキッチンペーパーに浸し、フライパンに薄く塗る。フライパンをよく熱する。

12 生地をフライパンに流す。

強めの中火にして、フライパンにレードル1杯程度の生地を流す。

焼く前に生地はレードルなどでよく混ぜておきます。

13 フライパンを傾けて生地を広げる。

フライパンを回すように傾けながら生地を全体に広げる。

ここで生地が薄く均一に広がらないようなら、水を50g（分量外）ほど加えて生地をゆるくし、濃度を調整してください。

14 焼く。

生地がポコポコと浮き上がってくる。

15 裏返す。

火が通って表面が乾き、縁のほうがチリチリと色づいてきたら裏返す。

ちょっと熱いけどね、破けないように気をつけて返します。パレットナイフで端を少しめくると、返しやすいですよ。

16 裏面を焼く。

裏面はさっと乾かす程度に焼く。

17 キッチンペーパーの上に重ねる。

焼けた生地の間にキッチンペーパーを挟んで、クレープを重ねていく。同様にして残りの生地も焼く。

18 バターをのせ粉糖をふる。

クレープを2回折って扇形にし、器に並べて、上に粉糖をふりかける。バターは好みの大きさに切ってのせる。仕上げにまた上から粉糖をふる。

アングレーズの炊き方でおいしさが決まります。
ヴァニラ風味のバヴァロワ
Bavarois à la vanille

ドイツのバヴァリア（バイエルン）地方で飲まれていた、牛乳にハーブと砂糖を混ぜた温かい飲み物がもと、と言われるバヴァロワ。現在のバヴァロワのベースとなるのは、牛乳、卵、砂糖を合わせて作るクレーム・アングレーズです。これをしっかり作ることがおいしさにつながります。

　クレーム・アングレーズを炊くときのポイントは温度。卵黄に火が入り、さらに殺菌もできる83℃。この温度になるまで煮詰めます。**ゴムべらに生地をすくって、指でスッと引いてみる、その跡が筋状に残れば炊き上がりの目安です。**この確認作業を我々はナッペと呼んでいます。ここでちゃんと炊けていないと、甘さがあってもコクみのないアングレーズになります。鍋の余熱も計算して、ベストなタイミングをおさえてください。

材料（5個分）

- 牛乳 …… 125 g
- 卵黄 …… 2個
- グラニュー糖 …… 62 g
- 板ゼラチン …… 5 g
- 生クリーム（乳脂肪分47％） …… 250 g
- ヴァニラスティック …… ¼本

準備
◉ 冷蔵庫に冷やすスペースを空けておく。

特に用意するもの
120㎖容量のババロワ型5個、片手鍋（小）、温度計（なくてもいい）、こし器（または茶こし）、ハンドミキサー、レードル、バット

食べごろと保存
冷蔵庫から出したてよりも、しばらくおいたくらいがおいしいと思います。その日の内に食べ切るのが理想です。

Chef's voice

クレーム・アングレーズは、しっかり炊き上げたものは卵黄の風味が引き出され、コクがあります。煮足りないと甘みが勝り、卵黄の風味は後から感じます。炊き上がりのタイミングをつかむのは、なかなか難しいのですが、ナッペ（→p.126 7）できちんと確認してください。

型は好みのもので構いません。ここで使ったような、少しデザインのあるものを使うと、ババロワらしいクラシックな雰囲気が出ると思います。

1 板ゼラチンをふやかす。
板ゼラチンは、氷水につけて芯がなくなるまでやわらかく戻す。

> 戻している間に溶けたり、やわらかくなりすぎて水気をきると崩れてしまったりするので、氷水で戻します。夏場はさらに冷蔵庫に入れておくといいですよ。

2 牛乳を温める。
片手鍋に牛乳を入れ、ヴァニラスティックを縦に切り開いて種をしごき出し、さやと一緒に加え、弱火にかける。

> カチカチに乾燥したヴァニラは、牛乳に入れてゆっくり温め、しばらくおいてふやかしてから、種を出すといいでしょう。

3 卵黄とグラニュー糖を混ぜる。
ボウルに卵黄を入れて泡立て器でほぐし、グラニュー糖を加えて、白っぽくなるまでしっかりすり混ぜる。

> ここでしっかり混ぜておかないと、加熱した時に混ざりきっていない卵黄が粒々に固まって、舌触りが悪くなります。

4 牛乳を加えて混ぜる。
2を沸騰させてヴァニラのさやを取り除き、3に半量入れて混ぜ合わせる。

> 沸騰させた牛乳で卵黄が固まってダマになるのを少しでも防ぐため、先に半量加えて卵液になじませます。除いたさやはヴァニラシュガーに（→p.65）。

5 鍋に戻す。
牛乳となじませた4の生地を2の鍋に戻し入れ、泡立て器で軽く混ぜる。

6 火を通す。
鍋を再び弱火にかけ、ゴムべらに持ち替えて、鍋底をこそげるようにして絶えず混ぜながらとろみがつくまでゆっくり煮る。

> 卵のたんぱく質が加熱によって固まる性質を利用してとろみをつけます。

ヴァニラ風味のバヴァロワの作り方

7 炊き上がりのタイミングを確認。

とろみがついてきたら、温度計で83℃を確認するか、なければ、ゴムべらですくい上げ、指でスッと線を引いてみる。筋状に跡が残れば炊き上がりの目安。鍋を火から下ろす。

この確認作業をナッペと言います。

8 ゼラチンの水気をきる。

1のゼラチンを氷水から取り出し、水気をふき取る。

氷水からの取りこぼしがないように、ざるに上げるといいですよ。布巾などでしっかり水気を拭き取りましょう。

9 ゼラチンを混ぜ溶かす。

7の鍋に8を入れ、余熱でゼラチンを混ぜ溶かす。

10 生地をこす。

目の細かいこし器で生地をこす。

口当たりをなめらかにしたいので、必ずこしてください。ご家庭では、目の細かい茶こしが最適でしょう。

11 氷水に当てて粗熱を取る。

氷水を入れたボウルに10を当て、ときどき混ぜながら粗熱を取り、少しとろみがついたら、氷水からはずす。

12 生クリームを泡立てる。

別のボウルに生クリームを入れ、こちらも氷水に当て、ハンドミキサーの高速でやわらかい角が立つくらいの八分立てにする。

筋がついてくれば六〜七分立てです。ここからすぐ泡立っちゃいますから、泡立て過ぎにならないように注意します。

13 11と生クリームを合わせる。

11を12に加え、ゴムべらでむらなく混ぜ合わせる。

11が固まっていたら、湯せんや電子レンジで少し温めてなめらかにします。

14 型に流し、冷やし固める。

型にレードルなどで均等に注ぎ入れ、バットなどに並べて、冷蔵庫で最低3〜4時間冷やし固める。

15 型から抜く。

14を冷蔵庫から取り出し、型ごとぬるま湯につけて生地の側面を少しゆるめる。表面を指で押さえて型の間に空気を入れる。皿をかぶせて両手でしっかり押さえてひっくり返し、上下に数回振ってバヴァロワを型から取り出す。

レシピに書かない お菓子作りの基本
[ミニ用語集]

【アーモンドパウダー】
生のアーモンドを粉末にしたもの。皮つき、皮なしがある。アーモンドプードルとも言う。

【アパレイユ】
粉、卵、バターなど複数の材料を混ぜ合わせた流動状の生地のこと。たね。

【粗熱を取る】
熱々に加熱されたものを、手で触れるくらいの温度に冷ますこと。

【カカオ分】
チョコレートのうちに、カカオ豆由来の成分、カカオバターとカカオマスがどの程度含まれているか、という％。

【カラメリゼ】
砂糖をカラメル状に煮詰めること。フルーツやナッツなどをカラメルで覆うこと。

【グルテン】
小麦粉に水分を加えて練り混ぜると、粘りと弾力のある生地ができる。この粘りと弾力を作りだしているのがグルテン。サクッと崩れるクッキー、ふんわりやわらかい生地といった食感が求められるときは、グルテンの形成をできるだけ抑えるように、混ぜ方や材料を合わせる順番などに工夫をする。ただし、グルテンがないと、スポンジ生地などはつながらずぼろぼろと崩れてしまう。お菓子の仕上がりにグルテンは大きく関係している。

【ココアパウダー】
カカオマスから油脂分（カカオバター）を取り除いたものを、細かく砕いて粉末状にしたもの。飲用には、砂糖や乳成分を加えたものがあるが、菓子作りには無糖のものを使用する。

【酸化】
食品中の成分が空気に触れて劣化すること。変色、風味の劣化などが起こる。

【室温に戻す】
冷蔵庫などから取り出した冷たいものを室内に置いて、生温かい状態にすること。

【ダマ】
粉類と液体を混ぜたとき、溶け切らずに残る粒状の塊のこと。

【二番生地】
サブレやタルトを作るとき、型抜きや型に敷き込んだあとに残る余り生地。

【乳化】
乳化とは、「油と水分を混ぜること」。例えば、瓶の中で分離しているオイルとビネガーが、激しく振ると混ざりあってドレッシングになる。この油と水分がきれいに合わさった状態を「乳化」という。菓子作りでは、バターと卵、チョコレートと生クリームなどを混ぜる際に、乳化という言葉がよく使われる。

【ピケ】
型に敷き込んだ生地が膨らみすぎるのを防ぐために、フォークなどで生地に穴を開けること。

【人肌】
人間の体温ぐらいの温度のこと。触ったときに熱くも冷たくもない状態。36～37℃前後を指す。

【分離】
生地の中の油脂分と水分が離れて、もろもろとしてつながっていない状態のこと。

【予熱】
オーブンをあらかじめ温めておくこと。

【余熱】
加熱したものが持ち続けている熱。

河田勝彦 （かわた・かつひこ）

1944年生まれ。1967年に渡仏し、約10年にわたりさまざまな菓子店、レストラン、ホテルなどで修業。最後はパリの「ヒルトン・ド・パリ」のシェフ・パティシエを務めた。帰国後、チョコレート菓子や焼き菓子の卸業をスタートし、1981年に東京・尾山台に「オーボン ヴュータン」をオープン、現在に至る。今もなお、自身のエスプリを表現するべく、独自の菓子の世界を追求し続けている。著書に『河田勝彦の菓子 ベーシックは美味しい』、『河田勝彦 菓子のメモワール プティ・フールとコンフィズリー』(以上柴田書店) など多数。

撮影 ■ 合田昌弘
デザイン ■ 河内沙耶花 (mogmog Inc.)
取材・スタイリング ■ 関澤真紀子
校正 ■ 株式会社円水社
製菓アシスタント ■ 松田陽介（オーボン ヴュータン）
編集 ■ 小栗亜希子

一流シェフのお料理レッスン
「オーボンヴュータン」河田勝彦のおいしい理由。

お菓子のきほん、完全レシピ

発行日　2016年 2月25日　初版第1刷発行
　　　　2022年12月 5日　第6刷発行
著者　　河田勝彦
発行者　竹間 勉
発行　　株式会社世界文化ブックス
発行・発売　株式会社世界文化社
　　　〒102-8187 東京都千代田区九段北4-2-29
　　　電話　03-3262-5118（編集部）
　　　　　　03-3262-5115（販売部）
印刷・製本　共同印刷株式会社

[オーブン撮影協力]
東芝ライフスタイル株式会社
（お問い合わせ）東芝生活家電ご相談センター
0120-1048-76

[型・道具類撮影協力]
吉田菓子道具店
☎03-3841-3448

©Katsuhiko KAWATA, 2016. Printed in Japan
ISBN 978-4-418-16303-8

落丁・乱丁のある場合はお取り替えいたします。
定価はカバーに表示してあります。
無断転載・複写（コピー、スキャン、デジタル化等）を禁じます。
本書を代行業者等の第三者に依頼して複製する行為は、
たとえ個人や家庭内での利用であっても認められていません。